明治を生きた男装の女医

高橋瑞物語

田中ひかる

中央公論新社

目次

明治を生きた男装の女医　高橋瑞物語

プロローグ

明治二三（一八九〇）年四月一七日早朝、横浜港。

出航したばかりの汽船の甲板からは、まだ野毛山の木々や麓の町並みが十分に望めた。見送る人の少ないドイツ汽船ではあったが、乗客の多くはたたずんだまま、だんだんと小さくなる港町の景色に見入っている。

乗客の中に日本人女性は高橋瑞《みず》ただ一人。

瑞は、しばらく離れることになる日本の風景に感傷を覚えることもなく、興味の赴くまま船内を歩き回った。外国汽船に乗るのは初めてのことで、光沢のあるカーテンや敷きつめられた絨毯《じゅうたん》、外国人がまとう服など、すべてが新鮮に映る。ひと通り船内を見物し終えると、本来の居場所である二等船室に入り、ベルリン大学（現フンボルト大学）医学部の講義に備えてドイツ語の勉強を始めた。

瑞は明治政府が定めた医事制度のもとに誕生した、荻野吟子、生澤久野《いくさわくの》に続く三人目の女医である。すでに日本橋で開業しており、門前市を成すほどの評判だったが、最先端の産婦人科学を学びたいという欲求を抑えきれなくなり、周囲の反対を押し切って留学を決めた。足りない分を借金で補って渡航費と学費を作ると、一張羅の紋付羽織袴に身を包み、単身船に乗り込んだのである。荷物は、ドイツ語の辞書とわずかな衣類が入った革鞄一つだけ。鞄は古びていたが、口金つきの舶来品で、瑞にとって特別な思い入れのあるものだった。

帝国憲法発布、帝国議会開設と近代化を急ぐ日本政府は、人材確保のため欧米各国に官費留学生を送っていたが、それは優秀な男子に限られていた。津田梅子、山川捨松などアメリカへの女子留学生は前例があったが、ドイツへの女子留学生、それも私費で渡ろうというのは瑞が最初である。

しかし、この留学はあまりにも無計画なものだった。ドイツの大学は女子留学生どころか、自国の女子学生の入学さえ認めていない。もう一つ、瑞はドイツ汽船に乗ればドイツにたどり着くと思い込んでいるが、この船はシンガポールまでしか行かないのだ。

ようやく洋食や洋式便座に慣れた頃、船はシンガポールに到着した。瑞はなんとかドイツ行きの船に乗り換えを果たしたものの、それまで通り二等船室に乗れるはずが、まるで豚小屋のような四等船室に押し込められた。二等へ戻すよう船員に身振り手振りで必死に抗議したが、聞き入れられない。船室の一方的な変更は、彼女の身なりや洋食の作法を難じた船会社側の故意だった。

その頃、在ドイツ公使館の職員たちは、本国から初の女子留学生がやってくるという報に想像をたくましくし、沸き立っていた。この中には、のちの首相西園寺公望もいた。しかし彼らの期待は呆気なく裏切られる。

「日本から女医が来たというので、公使館員達が大騒ぎして迎えに出てみると、妙齢の貴婦人と思いきや、板額《はんがく》（註・鎌倉時代の勇婦）の生れ更《かわ》りのような中婆さんなので二度吃驚《びっくり》した」（『日本女医史』）という記録が残されている。

こうして公許女医第三号高橋瑞は無事、ベルリンへ到着した。「中婆さん」と言われたこのとき、三七歳だった。

同じく明治二三（一八九〇）年、瑞より一つ年上で、公許女医第一号として名を馳せていた荻野吟子は、突如一三歳年下のキリスト教伝道師と結婚し、世間を驚かせた。吟子は女医第一号としての名声や、婦人団体幹部の肩書きを惜しげもなく捨て、クリスチャンによる理想郷を作るという夫の夢を叶えるため、北海道へ渡ることを決意する。

最初期の公許女医二人は、偶然にも同時期に自らの医院を閉め、片や夫とともに新天地へ、片やドイツ留学へと新たな道を歩み出したのである。

第一章　父の遺言を胸に

高橋瑞は嘉永五（一八五二）年一〇月二四日、三河国幡豆《はず》郡鶴ヶ崎村（現愛知県西尾市）に、西尾藩士高橋驥六郎《きろくろう》の六男三女の末っ子として生まれた。ペリーが黒船を率いて浦賀にやってくる前年のことで、明治天皇が誕生した年でもある。

驥六郎の父、只右衛門勝吉は藩の兵学師範であり、驥六郎は馬廻り役を務めていた。文人的素養もあった驥六郎は和漢の学に通じ、和歌は吉田藩（現豊橋市今橋町）の国学者中山美石《うまし》を師として学び、数年で一家を成している。

瑞が誕生した日、高橋家では歌会が催されており、「瑞穂」という題で歌を詠んでいるときに産声が上がったため、「瑞」と名づけられた。

文久二（一八六二）年、孝明天皇の妹和宮が将軍徳川家茂へ嫁した年、驥六郎は江戸詰めとなるが、ほどなく胃癌を患い帰郷。子どもたちのなかで最も父にかわいがられていた末っ子の瑞は、驥六郎が江戸から戻ってきたことがうれしくて仕方がなかった。亡くなるまでの五カ月間、瑞は父の枕元に座り、和歌の手ほどきを受けた。

驥六郎は瑞の筋のよさを誉め、「瑞は利口だから学問をやるといい」と何度か口にしたが、その言葉には、自分はもう教えることができないという諦めが滲んでいた。瑞にとってそれは大切な「遺言」となる。

一〇歳で父を失った瑞は、母親とともに、家督を継いだ長兄に養われることになった。

六年後、戊辰戦争が始まると、西尾藩は尾張藩に従って新政府側に与する。版籍奉還の際、藩主松平乗秩《のりつね》は西尾藩知事に任じられたが、廃藩置県で藩知事を免官され、西尾藩も消滅した。

維新後の旧武士階級の没落ぶりは、瑞の周辺でもあからさまだった。沢庵《たくあん》売りの行商を始めた者、牛や馬にも劣るといわれた車引きを始めた者、家屋敷を売って別の土地へ移った一家、先祖が寄進した菩提寺の鐘を売っても生活できず、四人姉妹全員が娼妓になった一家もあった。

幸い瑞の兄は、県の役人として勤めることができたが、こうした社会的混乱の影響で、維新前であれば武家の娘として早くに嫁がされたはずの瑞も、未婚のまま二〇代となっていた。

長兄以外の兄たちは教職に就くなどして独立。二人の姉のうち一人は漢学者の荻野忍に嫁いだが、子どもができずに迎えた養子は、長じて「オギノ式避妊法」で有名な産婦人科医、荻野久作となる。もう一人の姉は、東京で暮らす裕福な伯母の家に嫁いだ。独身の伯母はまず養子をとり、その嫁にと瑞の姉を望んだのである。こうしたやり方で家を存続させることは珍しくなかった。

瑞は、長兄夫婦の間に次々と生まれる子どもたちの世話に明け暮れながら日々を過ごした。兄嫁は武家の慣習そのままに育児を自分の役目とは考えていなかったが、かつての高橋家のように子守りを雇う余裕はなかったため、自然と瑞が子守りをするようになったのである。

瑞は常に前と後ろに子どもをくくり、近所の乳母への送迎からおしめ替え、洗濯、寝かしつけ、遊び相手と忙《せわ》しなく働いた。当然ながら甥や姪たちは瑞によく懐き、それが兄嫁には面白くない。

あるとき、兄嫁が気まぐれで三歳になる次男を寝床に呼ぶと、いつも瑞と一緒に寝ている次男は戸惑った挙句に泣き出した。兄嫁は構わず寝床へ引っ張っていったが、朝になると次男は瑞の布団の中で寝ていた。それ以来、兄嫁の瑞に対する態度は露骨に意地悪くなっていく。

兄夫婦の長男にあたる甥が満六歳になり、近所の手習いに通い始めると、瑞は付き添いと称して一緒に出かけ、座敷の隅で読み書きや算術を習うようになった。満六歳から近所の手習いに通っていた瑞だが、父が亡くなった一〇歳のとき中断したきりになっていたのだ。

甥が通う手習いの師匠は元西尾藩士の娘で、子どもたちはすでに成人しており、瑞と同い年の孫、正之助に手伝いをさせながら、習字やそろばんを教えていた。士族の娘であるはずなのに下女のような身なりでやってくる瑞を師匠は内心小馬鹿にしていたが、正之助は親切だった。甥の付き添いのように見せながら、手習いに通う楽しさを隠し切れない瑞に、協力を惜しまなかった。

瑞は髪が硬く、顎もしっかりとしていたため、一見少年のようだったが、黒目勝ちなどんぐり眼や厚みのある唇は愛嬌があった。筆を持つときやそろばんを前にしたときは猫背気味になり、その姿勢でどんぐり眼をまたたかせたり首を傾げたりしながら思案する姿は、年齢よりも幼く見える。何事も理解が早く、ときに正之助を驚かせるほどだった。

二四歳の門出

甥や姪たちが成長し、あまり手がかからなくなった頃、瑞は兄の部屋へ行き、「兄上、私も漢学塾に通いとうございます」と頼んだ。「私も」というのは、高橋家の男たちは、兄たちも甥たちも皆、手習いをひと通り終えたあと漢学塾へ通っていたからである。

しかし兄は「おまえが？　女が漢学塾に通うなど聞いたことがない」と眉をひそめた。たしかに兄の言う通りで、高橋家のような比較的教育熱心な家でも、女は手習いに通って文字を覚え、一二、三歳になると裁縫の稽古に通うというのが相場である。瑞の場合は正之助から漢字を教わることができたが、一般的には、維新前からの「女は紺屋《こうや》の付け紙が書ければよい」、つまり織物の染め色を指定する際の文字さえ書ければよいという考え方が根強く、手習いに通っても平仮名しか教わることはできなかった。女が学問をすると縁遠くなるためである。とはいえ、瑞は二〇代半ばになっており、すでに「婚期」は逃していた。

瑞は落胆したものの、学ぶことを諦めるつもりはなかった。

「では、兄上がお持ちの漢籍を貸してください」

兄が持っている多数の漢籍は父が残したもの。勤めに忙しい兄が触れることはなく、瑞には父が自分のために残してくれたように思えた。

「一体、何のために漢籍が要るのだ。女に漢学など必要ない」

「姉上は父上から漢籍の素読の手ほどきを受けておりました。教えてくださいとは言いませんから、漢籍を――」言い終わらないうちに、兄は断じた。

「あれは漢学者との縁談がまとまったから、父上が至極簡単に手ほどきしたにすぎぬ。嫁入り後に役に立ったとも聞いていない。所詮、女に漢学など理解できぬ。ろくに裁縫もできぬくせに、何が漢学だ。習い事がしたいなら裁縫に通わせてやる」

兄は関心がないので知らなかったが、瑞の裁縫の腕は、それを得意とする母親から仕込まれ、かなりのものだった。しかし瑞は、それ以上は食い下がらなかった。家督である兄の言うことは絶対であり、この家にいる限り学問はできないと諦めるしかない。

その夜、八歳になる姪の美代が咳をし始めた。呼吸も少し苦しげである。瑞は喘息持ちであったが、その症状とは違うと感じた。喘息では息を吐くときに「ひゅう」という音がするが、美代の場合は息を吸うときに同様の音がする。症状は一週間経っても治まらないどころか、徐々にひどくなっていった。

この咳は何か特別なものだと感じた瑞は、兄に医者を呼んでほしいと頼んだが、温かくして寝ていればよくなると言うばかりで、聞き入れられない。瑞と母と兄嫁が付きっきりで看病したが、咳はますますひどくなり、痙攣を起こすほどだった。ここに及んで兄はやっと医者を呼んだが、今日明日が山だと告げる言葉に、瑞は耳を疑った。

夜中、一時咳が治まり、美代は束の間の眠りについた。母と兄嫁は隣の部屋で仮眠をとっており、瑞が一人、枕元で見守っていると、目を覚ました美代の咳が止まらない。息は出るばかりで「ひゅう」と吸うこともできず、目は充血し、唇は紫色に変わった。瑞は母と兄嫁を揺り起こすと、自分は医者を呼びに走った。しかし未明に瑞が医者を連れて家に戻ったとき、美代はすでに亡くなっていた。

瑞は兄を睨みつけた。なぜもっと早く医者に診せなかったのだ。早く診せたところで変わりはなかったかもしれないが、できるだけのことをしてやりたかった。これが美代でなく自分の跡を継ぐ長男だったら、もっと必死に助けようとしたのではないか。悔しさと悲しさの入り混じった涙が頰から顎に伝い、美代が眠る布団を濡らした。

兄嫁に代わって美代を育ててきた瑞の喪失感は大きかった。ほかの甥や姪も十分に育ち、もはや自分の役目は終わったと感じた。年老いた母の分も、家事を一手に引き受けているが、兄嫁からは露骨に厄介者扱いされる。家を出て学問の道に入りたいと思う瑞だったが、性格のきつい兄嫁のもとに母を置いていくことだけが心配だった。

だから母が流行り病で呆気なく逝くと、家にとどまる理由はなくなった。瑞は甥や姪たちのために当面の着物を縫いながら、心の中で彼らに別れを告げる。父を失ってから一四年、兄夫婦に女中のように使われ、ろくに手習いもさせてもらえなかったが、甥や姪たちと戯れながら過ごした年月はそれなりに幸せだった。

母の四十九日が過ぎると、瑞は風呂敷包みを一つ持って、誰にも告げずに家を出た。二四歳の、当時の女としては遅すぎる門出であった。

西尾藩から西尾県、額田県、愛知県と呼称が変わった郷里を出た瑞は、名古屋で四国から流れてきた旅芸人の一座と出会い、賄い婦の仕事を得る。とりあえず東京へ出たかったたが、旅費がなく、行き方すらわからない瑞にとって、彼らに同行して東へ向かうことが最も無難な方法だったのだ。

瑞は料理や裁縫がうまく、座員の子どもたちに読み書きを教えることもできたため、重宝がられた。一方、瑞も彼らから得るところは大きかった。まずは旅の仕方。もともと所持品の少なかった瑞だが、徒歩の旅ではできるだけ荷物を少なくすることが肝要で、必要最低限の日用品、衣類で暮らす術が身についた。

また、高橋家やその周辺の士族の間では、男と女は育てられ方も、長じてから求められるものも違うと信じられていたが、複数の家族が集う一座は男女の別なく芸を磨き、同等に家事育児を担っている。瑞にはそれが好ましく感じられた。

これまで西尾を出たことのない瑞にとって、見るもの聞くものすべてが新鮮であった。古今の多くの日本人同様、初めて間近に富士山を見たときの感動は大きく、久しぶりに、亡き父に手ほどきを受けた和歌を詠みたくなった。

職を得て自立するという意味では、このまま一座にとどまるという選択肢もあったが、学問を志して家を出た瑞は、東京に着いたところで彼らと別れた。

父から「学問をやるといい」と言われて以来、いつか学びたいと願い続けていた瑞だが、いざ自由の身になると、一体何を学べばいいのかわからない。漢籍なのか、それとも別の何かなのか。どこへ行き、誰に教えを乞えばいいのか、途方に暮れた。

とりあえずは食べていくために、住み込みの女中の仕事を見つけた。雇い主はある政治家の妾で、絹子といった。

小石川での生活

絹子は瓜実顔が美しい華奢な女で、小石川に住まいを与えられていた。気さくな性格で、瑞と一緒に食事をしたがり、近所で祭礼があると瑞を誘った。この年、明治一〇（一八七七）年は世界的に万博が流行した時期にあたり、東京上野では三カ月にわたって内国勧業博覧会が開かれていた。絹子はここへも瑞を伴って出かけた。

東照宮や寛永寺のある上野界隈は、昔から庶民の憩いの場だったが、この頃は公園として整備されつつあり、博物館や動物園を作る計画も立てられていた。

瑞はまず、上野山下の公園入り口に設けられたアメリカ製の巨大な灌漑用風車に目を引かれた。風力によって揚水し、噴水を吹き上げるしくみになっている。瑞が飽かずに噴水を見つめていると、絹子が「そんなにゆっくりしていたら、ここだけで一日が終わってしまうよ」と笑いながら腕を引いた。

場内には全国各地の物産や美術品、新しい工業製品など八万点あまりが展示されており、瑞は目を見張りながら広い会場を歩き回り、絹子はその様子を満足げに眺めていた。一日かけてもすべての展示品を見ることはできず、二人は会場近くに設けられた直売所で果物や菓子など各地の特産品をしこたま買い込んで帰宅した。

絹子は群馬の前橋出身で、瑞より二つ年上の二六歳だということ以外、自分のことを語ったことがない。また、瑞についても尋ねようとせず、その代わりに「あんたは料理や裁縫がよくできる。それだけで十分だよ」とよく口にした。「旦那」がやってくる日は小遣いをくれ、一日自由にさせてくれた。そんなとき瑞は、気の向くままに歩き回って街を見物し、もらった小遣いで二人分の饅頭や羊羹を買って帰った。

いつもはおっとりとしている絹子が、たまにそわそわと落ち着かなくなり、煙草ばかり吸うようになることがあった。そういうときは決まって瑞に「中条《ちゅうじょう》さんを買ってきて」と命じるのだった。

「中条さん」とは「中条流」という薬のことで、通経剤、つまり月経不順を治す薬とされていたが、世間周知の堕胎薬で、「古血下し」「子腐り薬」とも呼ばれていた。丸めた米粉に水銀が塗布されており、膣から挿入して使う。「中条流」はもともと医師の流派の呼び名だったが、江戸の半ば頃から堕胎を専門とする医師もしくは堕胎薬の呼び名となり、明治に入ってからは専ら薬の呼び名となっていた。

「中条さん」を買ってきてしばらくすると、効果があったのか、そもそも妊娠などしていなかったのか、もとの穏やかな絹子に戻るのが常だった。

あるとき瑞が、いつものように絹子の使いで「中条さん」を買いに行くと、店主が戸惑いながらこう言った。

「あんた、ときどきこの薬を買いに来るけど、あんまり使い過ぎない方がいい」

瑞が答えられずにいると、続けて「自分で売っときながらこんなこと言うのも何だけど、あんまり頻繁に使ってると中毒起こして、場合によっちゃあ死ぬこともある。気をつけな」と言う。

「そんなに危ない薬なんですか」瑞には思い当たることがあった。「もしかして、それを使うと手や足が痺れたりしますか」

「それはまだ軽い症状だが、あんたがそうなのか」

絹子は年に似合わずしょっちゅう手足の痺れを訴えた。もしかすると「中条さん」のせいかもしれない。瑞は店主の問いには答えず、「今日は要りません」と言うと店をあとにした。

帰宅した瑞は、店主から言われたことを絹子に伝えた。絹子が煙管《きせる》をくわえたまま返事をしないので、さらに続けた。

「薬というのは本来、体を治すためのものです。もうそんな薬を使うのはやめてください」

「あんた知ってると思うけど、中条さんは子堕ろしの薬だよ。腹の子が死ぬくらいなんだから、使った人間だってただじゃ済まないのは当たり前だよ」

「それなら子ができないように……」

「できないように気をつけてるわ」

絹子はいつになく険しい言い方をした。

たしかに瑞は、絹子が毎月一回服用すれば妊娠しないとされている「朔日丸《ついたちがん》」という薬を飲み、避妊の効果があるといわれるツボへの灸を欠かさないなど、気をつけているることを知っていた。おそらく、布を丸めて膣の奥に詰める「込め玉」もしているのだろう。

「それなら……、もし子ができたら産んだらどうですか」

絹子は溜息をついた。「あんた簡単に言うけどね、子が生まれたら、旦那はもうあたしのところには寄りつかないよ」

「どうしてですか」

「どうしてって……」

「旦那さんがお金も出さないと言うなら、私が働きます。私と一緒に子を育てたらいいです」

「何を言ってるの。女が一生働いて生きていくなんて絶対に無理だわ。あんただって今は若いから働けるけど、このまま年をとったら路頭に迷うに決まってる。結婚しようがしまいが、所詮女は男に養ってもらうしか生きようがない。あたしはもう堅気の結婚はできないから、今の暮らしを続けられるだけ続けるしかないんだよ」

「絹子さんほどの器量良しなら、今からだって結婚できます」

絹子は少し笑ってから「あたしは今の気楽な暮らしが気に入ってるんだ。それに正直、お産が怖いんだよ。無事に生まれるとは限らないだろう？」と言った。最近、絹子と瑞が暮らす町内でも、母子ともに命を落とすという悲しいお産があったばかりだ。絹子は続けた。

「結婚したら普通、女は産み続けるだろう？　そして運が悪いと何度目かのお産で命を落とす。かといって子を産まずにいれば『石女《うまずめ》』呼ばわりされて離縁になる。産むも地獄、産まぬも地獄だよ」

瑞は絹子が吐き出した煙を目で追いながら、心の中で「産むも地獄、産まぬも地獄」と繰り返した。

絹子は煙草盆を片付けながら、「体のことを心配してくれてありがとよ。できるだけ中条さんには頼らないようにするよ」と話を終わらせた。その後、こっそりと出かけていく絹子の姿を見た瑞は、「わざわざ毒を買うなんて」と独りごちた。

絹子は瑞の家政能力はもちろん、純朴な人柄が気に入っていたので、このまま一緒に暮らしたいと願っていた。しかし成り行きで発した自分の言葉のせいで、瑞の将来を案じるようになった。

「中条さん」をめぐって二人がいつもより踏み込んだやり取りをした日から一週間後、瑞が庭に面した部屋で「旦那」の浴衣を縫っていると、絹子が傍に腰を下ろした。しばらく黙って瑞の手先を眺めていたが、おもむろに「それは武家のお針だね」と言った。

瑞が顔を上げると、「うちも士族なんだよ。御一新で没落してね。あたしは弟を学校に上げるために囲われ者になったんだ。弟は今、前橋で小学校の教員をやってる。どうだねあんた、弟の嫁さんにならないかい。弟があんたと一緒になってあんたのことを幸せにしてくれるなら、あたしも囲われた甲斐があったってもんだよ」と続けた。

突然の話に瑞は言葉が出なかった。上京し、食べていくためにとりあえず就いた女中の仕事だったが、思いのほか居心地がよく、先のことなど考えなくなっていたのだ。

「このままここにいたらいけませんか」

「あたしはあんたにいてもらって本当に助かってる。あんたは何でも器用にできるからね。でも、だからこそ弟の嫁になってほしいのさ」

「結婚なんて考えたこともないです」

「こないだも言ったけど、女は結婚する以外に生きる道はないんだよ。今のうちに嫁に行った方がいい。それにあんた、前に学問がしたいって言ってたけど、ここにいたらできないよ」

絹子は、両親はすでに亡くなっており、実家には弟しかいないから、家事さえ済ませれば気兼ねなく学問でも何でも好きなことができると言う。そう言われてみると、弟の教員という肩書きは魅力的に思えた。

教員ならば、読み書きや算術はもちろん、漢学も教えてくれるのではないだろうか。瑞はかつて甥の手習い先で世話になった正之助を思い出した。あのときは漢字や算術を覚えるのに必死だったが、思い返せば楽しい時間だった。漢学を教えてくれないまでも、学び方くらいは教えてくれるだろう。頼めば漢学塾に通わせてくれるかもしれない。家事のかたわら裁縫の内職をして学費を稼いでもいい。瑞はこの縁談に乗ることにした。絹子と暮らし始めて一年が経とうとしていた。

前橋での結婚生活

一度も会ったことのない男の妻になるため、瑞は絹子に伴われて前橋へ行くことになった。絹子は自分の着物を瑞に着せ、「似合うじゃないの！」とはしゃいだ。前の日に髪結いにも行った瑞は、普段より五、六歳は若く見える。

「あたしはあんたが年をごまかしてるんじゃないかと思ってたけど、どうやら本当の年だったようだね」

絹子は愉快そうに笑い、目前に迫った別れの寂しさを紛らわせた。一方瑞は、未知の土地、新しい生活への期待に胸を膨らませていた。

二人は東京、高崎間を往来する乗合馬車に乗るため、万世橋へ向かった。万世橋は、江戸城三十六見附の一つ「筋違見附《すじかいみつけ》」が取り壊されたとき、その石垣の石を利用して造られた橋で、形状から「めがね橋」と呼ばれていた。

毎朝六時に万世橋を出発する馬車は、約一二時間で高崎に到着する。同じ距離でも、東京を目指す上りよりも高崎を目指す下りの方が、上り坂が多いという理由で運賃が高い。

瑞は乗合馬車に乗るのは初めてで、最初こそ移り変わる景色に目を奪われていたが、揺れと、ときどき襲ってくる馬糞の匂いに辟易し、これなら歩いた方がましだとさえ思った。急ぐ旅でもなかったので、絹子の厚意で途中、熊谷の温泉宿に一泊した。湯に浸かりながら瑞は、温厚な絹子の弟であれば、きっといい人に違いないと楽観した。

翌日、乗合馬車の時間が合わなかったため、残りの行程は人力車を利用することにした。東京市内ではすでに数万台の俥《くるま》が稼働しており、東京、高崎間の中山道では常に数百台以上の俥が行き交っていた。

俥に乗るのも初めての瑞は、急に目線が高くなったことが恐ろしく、手摺りにしがみついたが、慣れてくると高所からの眺めは新鮮で、すっかり俥が気に入った。赤土を巻き上げながら前橋に入った俥は、市街地の外れで止まった。昔ながらの家並みの向こう側には一面の桑畑が広がっている。

今は弟が一人で暮らす絹子の実家の構えは、どことなく瑞の実家と似ており、もとは立派な造りだったことがうかがえるが、土塀は所々崩れ、門から一歩中に入るとまったく手入れのされていない庭があった。その荒んだ様子に、瑞がつい先ほどまで抱いていた新生活への期待は一気に萎んだ。

絹子の弟康成は、瑞が年上と聞き、あまり期待していなかったのだが、会ってみると愛嬌のあるどんぐり眼と撫で肩を好ましく感じた。二人はその日のうちに、招いていた康成の勤務先の校長夫妻を立会人として形だけの式を行い、夫婦となる。瑞と絹子は近いうちの再会を信じ、簡単な挨拶を交わして別れた。

康成はとりあえず、身の回りの世話をしてくれる女が欲しかった。一方の瑞も学問をしたいがための結婚であり、互いに相手に多くを求めていなかった。とはいえ康成にとって、瑞の家政能力の高さは儲けものだった。給金の一部を渡すと、わずかな額であるにもかかわらず、毎日申し分のない料理が並ぶ。散らかり放題で埃っぽかった部屋は見違えるようにきれいになり、洗濯物の山を見ることもなくなった。康成は、いつの間にか瑞のことが気に入っていた。

瑞はといえば、教員である康成から何か教わることができるのではないかと期待していたが、家には本さえあまりなく、少なからず落胆した。そして最も期待外れだったのは、家事をひと通り終えたときには日が暮れていて、自分の時間など一切ないことだった。

水を汲み、火をおこすところから始まる炊事や、井戸端での洗濯は、時間を要する重労働である。だからこそ、それがかつての瑞のように職業にもなったのだが、それ以外に、自宅裏の畑で野菜を作らねばならなかったため、瑞の一日は多忙を極めた。

康成は必要最低限しか生活費を渡してくれないので、野菜作りは必要不可欠な作業であり、収穫がない日は、持参した金で近所の農家から野菜を買った。それは、瑞が漢籍を買うためにコツコツと貯めてきた金だった。

瑞は生活費を少し増やしてほしいと頼んだが、吝嗇《りんしょく》な康成は首を縦に振らない。それどころか、与えられた生活費でやり繰りできないことをなじった。では働きに出たいと言うと、自分の甲斐性が疑われるという理由で反対した。

郷里を出て以来、炊事や掃除、洗濯をして対価を得てきた瑞だったが、結婚後は同じことをしても一文にもならない。もちろん、住まいはあるし、最低限の生活費はもらっている。しかし、漢籍どころか墨や紙を買う金も自由にならないとは考えてもみなかった。

さらに残念なことに、康成は短気で、すぐに手を上げる男だった。結婚当初、瑞は「康成さんは猫舌だね。絹子さんとおんなじです」「絹子さんに似て甘党ですね」などと、よく絹子のことを話題にしたのだが、あるとき康成から「姉さんの話はするな」と言われた。

絹子が妾であることを恥じての言葉と察し、「どうしてですか。康成さんが先生になれたのは、絹子さんのお陰でしょう」と言うと、康成は口答えされたことがさも意外だという表情から一変険しい形相になると、瑞を力一杯張り倒した。以来、康成は何かにつけて暴力を振るうようになった。

絹子の死

康成は吝嗇だったが、言葉だけは惜しまなかった。いつも夕飯を食べながら、昼間学校の同僚たちから仕入れてきた話を瑞に聞かせた。それは政府が施行した新しい法律や物価の話から、流行の風俗、噂話まで多岐にわたり、一日のほとんどを家か畑で過ごし、活字にも縁がない瑞にとって新鮮であった。

ある夕食時、康成が「下仁田で開業している福田明宗っちゅう医者が、たいそう評判がいいらしいんさ」と語り出した。

「名医なのですか」

下手な返答をすると康成はたちまち不機嫌になり、茶碗が飛んでくることもあるので、瑞は用心深く言葉を選ぶ。

「なにしろ見立てが確かで、出す薬がてきめんに効くらしいんさ」

「蘭方医ですか」

「いや、西洋医だが蘭方医じゃあない。福田医院が開業して以来、あの辺では漢方医も蘭方医もまったく流行らなくなっちまったらしい」

「西洋医とは、蘭方医のことではないのですか」

「蘭方医っちゅうのは、長崎から広まったオランダ医学を学んだ医者のことだ。オランダも西洋だから、蘭方医は西洋医だといえるが、西洋医にはドイツ医学やイギリス医学を学んだ医者も含まれっから、西洋医が蘭方医だとは限らねえ。お国は今、ドイツ医学やイギリス医学を修得した医者を増やそうとしていて、最近始まった医者の試験もそのためのもんだ」

政府が明治七（一八七四）年に、近代的な医事制度を整えるために布達した「医制」は、漢方医、蘭方医など、すでに開業している医者には実績を考慮して開業免許を与えるとし、新たに医者として開業したい者には、医術開業試験に合格し免許を取得することを義務づけた。

これに基づいて、明治八年から東京、大阪、京都の三府で、続く明治九年からは府県ごとに医術開業試験が実施されるようになった。康成が言う「最近始まった医者の試験」というのは、この医術開業試験のことである。

この先、明治一二（一八七九）年以降は全国で統一的な試験が行われるようになるとともに、東京大学医学部の卒業生には無試験で免許が付与されることになる。さらに三年後には、東大医学部卒業の常勤教師が三人以上在籍する医学校は「甲種医学校」とされ、卒業生に無試験免許が認められるようになる。

「康成さん、ずいぶん詳しいですね」

「この春からうちの学校に赴任した若いやつが医者志望で、聞いてもねえのによく喋るんだ」

「教員をやっている人が、今度は医者になりたがっているのですか」

瑞は会ったこともない男の自由な生き方を羨ましく感じた。

「子どもらの前でも医者の話ばかりして困るんだ。今日などはおなごが自分も医者になりてえと言い出して、教室で笑いもんになってた」

「どうして笑われるんですか」

「決まってるだろ。女が医者になれるわけがねえ」

「でも、女の医者もいると聞いたことがあります」

「今いる女の医者は、御一新前からやってるから看板を許されてるだけだ。それに皆、時代遅れの漢方医だ。これからは試験を受けねえと医者にはなれんから、女の医者は減る一方だ」

「たしかシーボルトとかいう医者の娘の……」

「楠本イネか。あれに限っては蘭方医だ」

幕末にオランダ商館付きの医師として長崎へやってきたシーボルトが、日本人女性に産ませた子どもがイネである。シーボルトは、イネが普通に暮らしていくことは難しいだろうという親心から、医者として自立できるよう弟子たちに託して帰国した。

康成は続けた。

「あの女も五〇に手が届く頃だろう。たしか少し前に東京の医院を畳んで長崎に帰って、今は産婆をやってるはずだ。所詮、女に医者なんて無理な話だったんだ」

そうだろうか、と瑞は箸をとめた。西尾で暮らしていた頃、天皇の側室が懐妊したことがあった。残念ながら母子ともに命を落とす結果となったが、このとき出産に立ち会ったのが、シーボルトの娘だと兄が話しているのを聞いたことがある。宮内省御用掛に任ぜられたのだから、優秀な医者だったのではないだろうか。

「なんで女の医者は減る一方なんですか。これからは、女の医者は出てこないんですか」

「出ねえだろうな」

「医者の試験に合格すれば、女でもなれるでしょう」

「試験に合格するためには、医学校で学ばなければならんが、女が入れる医学校はどこにもねえ」

瑞は、御一新前は女でも医者になれたのに、今はその道が閉ざされているということに、少なからず驚いた。御一新後、男は教師になったり医者になったり、自由な職業選択ができるようになったが、女は違うようだ。いや、むしろ不自由になっているのではないか。そして康成はそれが当たり前だと思っている。康成と、苦手だった兄の姿が重なった。

実際のところ、女の人生の王道が結婚にあることは維新前も後も同じだったが、そこから外れて職業に就こうとした場合、制度上の男女格差は、維新後の方が明確になっていた。

瑞の結婚生活は、九カ月足らずで終わる。

瑞はときどき絹子に手紙を出していたのだが、一向に返事がこなかった。不審に思い、康成の文机の抽斗《ひきだし》を検《あらた》めると、絹子からの手紙の束が見つかった。いずれも、瑞が出した手紙に対する返信のようで、最も新しい手紙の日付は五カ月前になっていた。瑞は数週間に一度は手紙を出していたので、その後も絹子から返信があってよいはずだ。

瑞は殴られることを覚悟して、小学校から帰宅した康成に、なぜ手紙を隠していたのか、ほかにも絹子からの返信があるのではないか、と尋ねた。

一つ目の問いに対する答えは、訊かずともわかっていた。康成が、瑞と絹子の親交が続くことをよく思っていないからだ。康成もあえて答えなかった。しかし二つ目の問いへの答えは、瑞には受け入れがたかった。

「手紙はそれで全部だ。姉さんは九月に死んだ。薬の中毒だ。遠山先生が手厚く葬ってくれたんさね」

「遠山」というのは、瑞がついぞ会うことのなかった絹子の「旦那」である。

「四カ月も前じゃないか！　そんな大事なことを何で隠してた！」

いつも一方的に暴力を振るわれていただけでつかみ合いの喧嘩などしたことがなかった瑞も、このときばかりは康成の胸倉をつかんだ。世話になった絹子を見す見す死なせてしまった口惜しさと、康成に対する怒りが綯《な》い交ぜとなり、我を失っていた。

康成は瑞の剣幕に一瞬ひるんだが、すぐに瑞の手を振り払うと、思い切り足蹴にした。瑞は肋骨が折れてあえなくへたり込み、そのまま数時間動けなかった。

その夜、康成が酒を飲んで眠ってしまったあと、瑞は痛みをこらえて家を出た。とりあえず東京に戻ろうと考え、一晩かけて中山道まで歩いたところで下腹部に痛みを覚えて座り込み、そのまま動けなくなった。そこに、空の俥が通りかかった。

「お姉さん、寒いのにそんなとこで、どうしたんだい」

いつの間にか雪が降り始めていた。瑞が顔を上げると、饅頭笠をかぶった若い車夫が立っている。いきなり他人に助けを求める気にはなれず、痛みをこらえ、脂汗を流しながらも「歩き疲れて休んでるところです」と答えた。

「どこへ行きてぇの。乗せてやんべぇ」

車夫は握っていた梶棒を下ろして俥を停めると、瑞に向かって歩いてきた。瑞の様子を間近に見て「なんて顔色してんだ。この寒いのにすげぇ汗かいて。大丈夫かい」と声を掛けたが、意識が朦朧《もうろう》としていた瑞は聞き取ることができなかった。

カノの出産

気がつくと、瑞は板の間に敷かれた藁《わら》布団の上に寝ていた。薪がはぜる音がするのでそちらを見ると、囲炉裏端で女が鍋をかき混ぜていた。かすかに味噌の匂いが漂っている。

「気がついたかい」

女は若く、せいぜい二十歳《はたち》といったところか。丸顔と赤い頬がいかにも健康そうだ。

「今朝、うちの人があんたを連れてきたんさね。今、また仕事に出たとこだ。ここはあんたがいた高崎の辻から、鏑《かぶら》川を七里ほど上ったところだ」

瑞は前夜、前橋の家を出てから必死に歩き続けたことを思い出した。あの若い車夫が自分をここまで運んできたのか。

「ご面倒をかけました」

明瞭に発音したつもりが、かすれ声になった。

「当たり前のことをしたまでさね。こんな寒い日に道端に放っておいたら死んじまうよ。着物は汚れてたから、勝手に着替えさせちまったよ」

たしかに瑞は見たことのない浴衣を着ており、下半身には厚めの丁字帯まで当てられている。知らぬ間に着替えさせられたかと思うと、さすがに恥ずかしかった。

「気にすることはねぇさ。女同士でねぇか。それより具合はどうなん。えれえ血が出てたけど、気が遠くなっちまったのは、月の障りのせいか？　それともほかにどこか悪いのか」

下腹部の重苦しい痛みとは対照的に、胸部に鋭い痛みがあった。

「胸が痛い。おそらく骨が折れてます」

「それはいけねぇ」

女は部屋の隅の古びた箪笥から晒しを引っ張り出し、瑞の上半身を起こすと浴衣を緩め、胸部に晒しを幾重にも巻いた。

「ひでえ痣だな。誰にやられたんだぃね。女郎屋から逃げ出して、追っ手にやられたんかい」

女は晒しを巻き終えると、浴衣を元通りに直し、瑞を寝かせた。きつく巻かれた晒しは、先ほどまでの痛みを嘘のように和らげたが、下腹部の痛みは相変わらずひどく、出血のためか頭がぼんやりしていた。

「旦那にやられたんだ」

「そんなひでえ旦那がいるんかい」女は目を丸くして驚いた。「はぁそんな男んとこに戻ることはねぇ。ここでゆっくり治したらええ。うちの人は早くに両親を亡くしてっから、舅も姑もいねぇ。だから遠慮しねぇで。今、おじやを食べさしてやっからな」

女の腹は膨らんでおり、部屋の隅には真新しい丁字帯がたくさん積んであった。なるほど女は妊婦で、出産後のために用意した丁字帯を自分のために使ってくれたらしい。瑞は、身重の女に面倒をかけていることをすまなく感じた。

車夫喜助の妻、カノの手厚い看護のもと、瑞はひと月後には家事が手伝えるほどに回復した。それを待っていたかのようにカノが産気づいた。大雪の中、喜助がトリアゲババ、スエを呼んできた。スエはこの地域で四〇年以上赤ん坊を取り上げてきたという老女で、喜助もカノも彼女の手によって産まれていた。ほぼ同時に、隣村のカノの実家から、カノの伯母、徳もやってきた。カノも喜助同様、早くに両親を失ったのだという。

スエはまず、「産の穢《けが》れが移る」という理由で、喜助にお産が終わるまで隣家にいるようにと伝えた。次に、瑞と徳に、土間に筵《むしろ》を敷くように指示し、その上に藁灰や藁屑を撒いてから、たくさんの藁束を背にしてカノを座らせた。すべては部屋を汚さないための工夫である。

陣痛が始まって丸二日経っても、赤ん坊は出てこなかった。束の間、痛みが引いている間だけでも瑞はカノを眠らせてやりたかったが、スエは絶対に産婦を横にしてはいけないと主張する。

「そんなはずはありません。お義姉さんのお産のときは横になって休むこともありました」と瑞が言っても、スエはまったく聞く耳を持たない。

とうとうカノが脳貧血を起こして意識を失った。今度こそ瑞がカノを寝かせようとすると、スエが「寝かせたら赤ん坊が下りてこられねえし、頭に血が上って死んじまう！」と瑞を押し退け、徳に手伝わせて梁から縄を下ろすと、その先をカノの胸部にぐるぐると巻いた。カノは座ったまま上半身だけ梁から吊るされる形になった。

スエを信頼している徳は指示に忠実に従っているが、瑞はこのままではカノが死んでしまうと気が気でない。幸い、カノは意識を取り戻した。スエも徳も、縄で吊るしたことが功を奏したと信じている。ようやく赤ん坊の頭が見えてきた。するとスエはカノの後ろから腹を抱きかかえ、渾身の力を込めた。カノの悲鳴とともに赤ん坊が飛び出し、徳が受け止めたが、瑞はカノの会陰が裂ける音が聞こえたような気がして、思わず耳を覆った。

カノは力尽き、再び意識を失った。この辺りの慣習では、産婦が自ら臍《へそ》の緒を切ることになっているので、徳がカノに呼びかけようとしたが、スエが止めた。すでに赤ん坊は死んでいたのである。スエは鋏《はさみ》で臍の緒を切ると、赤ん坊を徳に渡した。徳は赤ん坊を土間にあった菰《こも》に包むと、それを抱えて外に出ようとした。

瑞は呆気にとられながらも、辛うじて「どこへ行くんですか」と声を上げた。するとスエが「神様にお返しするんだ」と答え、徳は構わず外へ出て行った。瑞は慌ててあとを追った。

「待ってください。まだカノさんも喜助さんもその子を見てない。勝手に何をするんですか」

「よそ者は黙ってろ。見ねえうちに神様にお返しした方が、二人のためなんだぃね。見たら情が湧く。七つまで育たねぇ弱い子どもは、早めに死んじまった方がかえって本人や家族にとっていいんだぃね」

徳はまっすぐ川原へ向かっていた。瑞は雪に足をとられ、うまく進めない。

「カノさんも喜助さんも、その子に会うのを楽しみにしてたんだ。一目でいいから会わせてやってください。お願いします！」

半里ほど歩いて川原に出ると、真っ白な雪が一面に積もっていた。徳は迷わず進んでいく。瑞は転びながらも追いつき、菰に包まれた赤ん坊を奪ったが、あまりの軽さにひるんだ。すぐに徳が奪い返し、川に突進すると、菰を流れに放した。瑞は雪に膝をついたまま、流れていく菰を茫然と見つめた。

夕闇の中、徳と瑞はひと言も言葉を交わさないまま家に戻った。カノは意識を取り戻し、ぼんやりとしている。スエから死産だったと聞かされたのだ。瑞が喜助を呼びに行こうとすると、徳が「まだいい。産婦と同じものを食べると、穢れが火に乗って移っから、しばらくの間は呼ばねぇでいいんだ」と止めた。

スエは帰り支度をすると、カノに「このまま三週間、ここで座っとき。最初の一週間は眠ってはいけねぇ。それから米と味噌以外は口にしてはいけねぇ」と言った。カノは返事をする気力もなく黙っていたが、徳はわかりきっているとばかりに頷いている。

瑞は何も言わなかったが、納得はしていなかった。産後一週間を経ずに眠ってしまうと死ぬというのは迷信だ。お産後、力尽きて亡くなる産婦は少なくない。だから、目を閉じたら終わりとばかりに、産後間もない女を眠らせないという風習が生まれたと、むかし母から聞いたことがある。三週間座ったままというのも、酷である。たしかにお産のあと、悪い血が頭に上ると死ぬといわれているため、兄嫁も横になろうとはしなかった。しかしそれもせいぜい一週間だ。旅芸人の一座に同行していたときも出産した女がいたが、短期間で移動しなければならなかったため、数日で動き始め、夜も皆と一緒に横になって寝ていた。むしろその方が本人にとっても楽そうだった。

スエは瑞の不服そうな顔を見て、さらにこう言った。

「おめえはよそ者だから念のため言っとくが、カノさんの後ろの『もたれ藁』は全部で二十一個あるんさぁ。毎日一個ずつバラして使い、全部なくなったときが三週間目だぃね。それまで座らせとけよ。また明日、様子見に来っからな」

スエがいなくなると、瑞はカノを土間から上げ、布団に寝かせようとした。すると徳が「何をするんだぃね。スエさんの言ったことがわかんねぇのか」と止めた。

「こんな冷たい土間に座らせておいたら、カノさんが死んでしまう。そうなってもいいんですか？」

「横になる方が死んじまう」

二人が言い争っている間、カノは藁束に寄りかかってすでに寝入っていた。徳はさすがに揺り起こすことはせず、体が横になっているわけではないのでよしとし、瑞と一緒に夕飯の準備を始めた。献立はいつも同じで、麦飯と沢庵、味噌汁だけである。味噌汁の具となる数種類の野菜は、外の雪の中に一冬分埋めてあった。瑞はこれらに加え、味噌漬けにしてあった鮒《ふな》をカノに食べさせようとしたのだが、徳が反対したため、与えることができなかった。

夕飯を終えると、徳はさっさと床を延べ、眠ってしまった。瑞はカノがもたれている藁束を崩して低くし、できるだけ体が横になるようにした。そして自分も藁束を枕に、カノの脇で横になった。うつらうつらしていると、ふいに「産むも地獄、産まぬも地獄」と言う絹子の声が聞こえたような気がして、目を開けた。カノの体を触ると、先ほどよりもかなり冷たくなっている。

瑞は徳を起こし、カノを囲炉裏端に移そうと言った。徳もカノのあまりの冷たさに納得し、二人で一緒にカノを土間から上げ、体温を上げるため、藁布団の上にさらに藁を載せた。

カノの頬はげっそりと削げ、顔は真っ青だった。徳が首を傾げながら言った。

「このままでは危ねぇかもしんねぇな。夜中だけんど、スエさんを呼んでくっか」

「それなら、医者を呼んでください」

瑞の頭に、以前夫の康成が話していた下仁田の名医福田明宗の名が浮かんだ。下仁田ならここから目と鼻の先だ。するとカノがうっすらと目を開け、か細い声で言った。

「瑞さん、医者なんて大袈裟だぃね。それに医者になんて診てもらいたくねぇんさ。スエさんで十分だぃね」

「その通りだぃね。医者といったら男だぞ。男にこんなところ見せる女がいるんか」

「そんなこと言ってる場合ですか」

赤ん坊も死に、この上カノまで死んだら、という言葉を瑞は呑み込んだ。カノが再び目を閉じると、徳が言った。

「医者なんか呼んで、スエさんが臍曲げたらどうするんだぃね。はぁこの村のお産を手伝ってくれなくなるぞ。だいてぇ、この貧しい村に医者なんて来ねぇよ」

瑞と徳はまんじりともせず夜を明かした。カノの体温はますます低下していた。瑞は意を決して立ち上がると、蓑をつけて外に出た。雪はやみ、東の空が白み始めている。

車夫である喜助なら、名医として名高い福田明宗の医院を知っているだろう。瑞は喜助がいる隣家へと急いだ。

第二章　女医誕生までの道

明治一三（一八八〇）年秋、二八歳になった高橋瑞は、前橋の産婆、津久井磯子の内弟子として働いていた。

産婆は、六年前に政府が布達した「医制」によって職業として公認され、免許制となったが、それでもまだ徒弟制が健在だった。まずは熟練した産婆のもとで修業してから免許を取得し、開業するというのが一般的であった。

もちろん、産婆が職業として公認される以前から出産の介助は必要だったが、それは産婦の身内の女や近隣の女たちに任されていた。つまり、出産は共同体の相互扶助によって支えられていたのである。

その中から特に熟練した女が頼られるようになり、謝礼を受け取るようになった。これが「トリアゲババ」「トリアゲバアサン」などと呼ばれた産婆の始まりである。

しかし産婆も玉石混交で、熟練の技を十二分に発揮した者もいれば、迷信や俗説を信奉した結果、死産や産婦死を招く者もいた。

そこで「医制」は、従来の産婆、つまり旧産婆について、四〇歳以上で女性や乳幼児の解剖生理、病理の大意に通じ、産科医の前で平産一〇人、難産二人を取り上げた者には「実験証書」を発行して産婆の資格を認めることとした。しかしこれまで許していた医学的処置や投薬、産科機器の使用などは禁じた。

これらを徹底するため、各地で旧産婆のための講習会が開かれたが、文字が読めない者も多く、講習内容を口頭で伝え、暗記させるという方法をとる会場もあった。

一方で政府は、最新の西洋医学を修得した産婆、つまり「新産婆」の養成に力を入れ、各府県に産婆学校を設置した。富国強兵を目指す政府にとって、乳児死亡率や妊産婦死亡率を下げることは早急の課題であり、その実現を新産婆たちに期待したのだ。

津久井磯子は、「医制」布達前から産婆として開業し、前橋随一として名を馳せていたが、免許制となるといち早くこれを取得し、ますます評判を高めていた。付近の産婆たちは皆、磯子の弟子だった。

磯子は文政一二（一八二九）年、群馬郡青梨子村清里（現前橋市青梨子町）に生まれた。一七歳のとき水戸藩士だった伯父に引き取られて江戸の水戸藩邸に奥女中として仕え、その後、二四歳で前橋の産科医、津久井文譲の後妻となる。

磯子は幼少時から和漢学を修め、水戸藩邸でも学問に親しんでいたため、文譲から理化学、解剖学、生理学などの知識を吸収し、現場で助産の技術も体得していった。当時は通常の出産は産婆に任されていたため、産科医である文譲は異常分娩を扱う機会が多く、自然と磯子も難しいお産に対処できるようになっていった。

明治三（一八七〇）年、磯子が四一歳のとき、一九歳年上の文譲が亡くなった。文譲と磯子の間には子がなかったが、先妻の子、一郎が開業医として父の跡を継ぎ、磯子も産婆として本格的に開業した。確かな技術と正式な免許を持つ磯子は方々のお産に呼ばれ、俥で移動する姿は前橋名物とまでいわれるようになる。

瑞が弟子入りしたのは、磯子が開業してから一〇年が過ぎた頃である。瑞はすぐに頭角を現し、弟子入りの二カ月後には、磯子から後継者と目されるほどだった。それでも厳しい徒弟制の中では、下働きを疎かにすることはできず、その日も瑞は早朝から、磯子の自宅兼仕事場の周辺を念入りに掃除していた。

「今日は特別に寒いね」

吐く息の白さを確かめたくもあり、瑞は独りごちた。いつもは薄着で外に出ても、掃除をしているうちに体が温かくなってくるのだが、手も足も冷たいままだ。頬に冷たいものが触れたので空を見上げると、雪が舞い落ちてきた。今秋初めての雪だった。

一年前のあの日、降り積もった雪の中、喜助と瑞が医師福田明宗を伴って戻ったとき、すでにカノは亡くなっていた。瑞は郷里で姪の美代を亡くしたときのことを思い出した。

「あのときとおんなじだ」

自分は医者を呼びに行くことしかできず、それさえ二度とも間に合わなかった。瑞が無力感に襲われていると、カノがお産をした土間の様子を見回しながら、明宗がぽつりと言った。

「磯さんだったら、どうにかなっただろうに」

「それはトリアゲババのことですか」

「内務省の免許を持った優秀な産婆だ。津久井磯子といって前橋におる。私は磯さんの亡くなった夫君の世話で医者になったんだ」

「免許のあるトリアゲババと、ないトリアゲババがいるのですか」

「そうだ。産婆は大昔からいるが、少し前に免許制になったんだ。この辺の村にはまだ免許を持ってる産婆はおらんが、街へ出れば免許を持った新しい産婆もちらほらおる」

新しい産婆なら、カノを救うことができたのか。いや、赤ん坊も死なずに済んだのかもしれない。

翌日、カノの野辺送りに加わった瑞は、鏑川を見下ろす土手を歩きながら決意した。もう傍観者ではいたくない。女は医者にはなれずとも、産婆にはなれる。産婆になって妊産婦や赤ん坊を一人でも多く救いたい。

津久井磯子の弟子になろうと考えた瑞は、仲介を頼むため、福田明宗の医院を訪ねた。ところが明宗は診療中ということで、弟子が取り次いでくれなかった。こんなこともあろうかと、瑞は仲介を依頼する文章を巻紙に記し、持参していた。これがなければ明宗も、数日前に診療を頼んできたにすぎない村の女の頼みなど、聞いてくれなかったかもしれない。しかし漢字も駆使した確かな文章は、明宗に紹介状を書かせるに十分だった――。

瑞は掃除を終えると磯子と弟子たちの朝食の準備を整え、余った束の間の時間を読書に当てた。磯子は古今のお産関連の書籍を多数所有しており、弟子たちは自由に読むことを許されている。

瑞が今読んでいるのは、江戸時代の産科医佐々井茂庵が書いた『産家やしない草』である。その「臨産のこころえ」という項には、お産の場は気候に合わせて産婦が快適に過ごせるような工夫が必要で、たとえば冬場のお産であれば「戸障子をさしまわし、すきまの風をも防ぐべし。座敷の大小に応じて火鉢を置き、寒からず暑からぬように、心を尽くすべし」とあった。また、産婦が疲労している場合は横になった状態でお産をさせ、分娩後もそのまま寝かせておいて構わないとも書いてある。

もしあのときこの知識があれば、スエや徳の言うことなど無視して、もっとカノを楽にしてやれたのにと、今さらながら口惜しさが込み上げた。

ここにある書籍をすべて読破し、磯子に付いて毎日お産を手伝い、一日も早く一人前の産婆になりたい。父から「学問をやるといい」と言われて以来、漠然と学問に憧れていた瑞だが、今ようやく自分が進むべき道が見つかり、張り合いを感じていた。

朝食後、瑞は磯子の部屋に呼ばれた。

「瑞。来年、東京の産婆学校で勉強する気はないか。学費は出してやる。一年通って、免許を取ってこんか」

実家にいた頃、望んでも塾に通えなかった自分が、東京の学校へ通えるとは、夢のようだった。

「行かせてください。よろしくお願いします」

畳に額をこすり付けるほど深々と下げた頭を上げたとき、瑞の顔は真っ赤に上気していた。その様子を目にし、普段あまり笑わない磯子の顔がほころんだ。

こうして瑞は、二八歳にして念願の学生となり、東京は浅草の産婆学校「紅杏《こうきょう》塾《じゅく》」の門をくぐったのである。

紅杏塾の友

紅杏塾は、東京府立産婆教場の教頭だった桜井郁二郎が開いた学校で、内務省が管轄する産婆試験に備え、一年間の課程を組んでいた。瑞はここで、岡田美寿子と駒井せい子という二人の年下の友人を得る。美寿子は愛媛、せい子は大阪出身だった。倹約のため、瑞が共同生活を提案し、三人は同じ下宿で暮らし始める。

磯子から学費の援助は受けたが、下宿代や生活費は自分で賄わなければならなかったため、瑞は裁縫の内職を探すつもりでいた。しかし、美寿子とせい子が実家から十分な仕送りを受けていたので、下宿代や生活費は二人が出してくれた。代わりに瑞が、二人の苦手な料理、掃除、洗濯など家事一切を引き受けた。

せい子は、三日に一度は「瑞はんの料理はうちのおかんのよりずっとうまい」と口にした。すると美寿子が「何から何までやってもろうてすまんのう」と続け、瑞が「たいしたことはやってないよ。あんたらがお金を出してくれて、私は助かってる」

と受けるのが常だった。

ある日の夕飯時、せい子が「瑞はんは料理も裁縫もうまいけど、結婚したことがあるんか」と尋ねた。瑞は少し考えてから、「結婚は好きじゃない」とだけ答えた。

「好かんゆうても、せなあかんのが結婚やろ？」

「そうか？　私は産婆になって自分で稼いで、一人で自由に生きていきたい」

瑞は女三人の暮らしの中で、生まれて初めての自由を満喫していた。故郷の西尾にいた頃は、いつも兄や兄嫁の顔色をうかがわねばならず、絹子との生活は心地よかったものの、使用人である以上、自由な時間は限られていた。康成との暮らしでは言うまでもなく、磯子のもとでは弟子として自由とは程遠い生活を送ってきた。

絹子は、女が一人で生きていくのは無理だと言っていたが、産婆になれば一人で自由に生きられるはずだ、と瑞は思った。もう二度と結婚する気はない。

なおも瑞に質問を重ねようとするせい子に、美寿子はやめろと目で合図した。瑞は出身についても「三河の辺り」としか明かしておらず、あまり自分のことを話したくない様子だったからだ。

「あんたらが結婚するのは止めないけど、いつ別れても食べるのに困らないよう、産婆の資格だけは取っておいた方がいい」

瑞が珍しくしみじみと言うので、二人は神妙に頷いた。

三人は和気藹々と生活しながら塾へ通い、そろって一年後の産婆試験に合格した。晴れて新産婆となった瑞だったが、紅杏塾で産婆の何たるかについて学んだことで、かえってその仕事の限界を知ることにもなった。

「医制」布達前は法的な規制がなかったため、お産に関わる処置についても制限がなかったが、布達後は前述のように、医学的処置や投薬、産科機器の使用などは医者のみに許され、産婆には禁じられた。したがって、産婦や胎児、嬰児《えいじ》が危険な状態に陥った場合には産婆の出番はほとんどなく、それでは産婆になる意味がない、と瑞は感じた。

「私はたくさんの女や子どもを助けたいんだ。産婆では物足りない。医者になりたい」

美寿子、せい子とともに産婆試験の合否を知るため内務省へ出かけた帰り道、瑞が言った。

「瑞はん、せっかく産婆試験に合格したちうのに、一体何を言い出すん。だいたい、女が医者になれるん？」

合格を果たした誇らしい気持ちに水を差すような瑞の言い草に、せい子が、口を尖らせながら言った。

「御一新前はなれたんだ。だから女に医者の仕事が無理ということはない」

「へぇ。女でも医者になれるんなら、うちもなりたい」

「ほんでも、女が入れる医学校はありゃせん」

美寿子は父親が医者なので、せい子よりは事情に通じていた。すると瑞は二人に顔を寄せ「男の恰好で通えばいいんだ」と囁いた。一瞬置いて二人は大笑いし、つられて瑞も笑ったが、半分は本気だった。

内務省のある大手町から下宿のある浅草方面に向かって小一時間ほど歩き、眼前に不忍池が現れたところで、せい子が「合格祝いに上野公園で遊んでいこ」と言い出した。

美寿子は誘いに乗ったが、瑞は用事があるからと断った。

「瑞はん、つれへんなぁ。どこに行くんや。一緒に動物園へ行こや」

「せい子さん、動物園はこないだ行ったばっかりよ。行くんやったら博物館じゃろ」

美寿子が呆れ顔で言う。

「博物館て、何が見れるんや」

「さあな」

「まあええわ、行ってみよ」

楽しそうに去っていく二人の後ろ姿を見送ると、瑞は小石川へ向かった。紅杏塾へ入るために上京した際、すぐにでも絹子の墓参りがしたかったのだが、試験に合格するまでは、と思い続けてきたのだ。結婚するため、絹子と二人で前橋へ発ってから、四年の月日が経っていた。

絹子と暮らした家は空き家になっており、生け垣の向こうに薄紅色の花が咲いている。瑞が庭に入って花を摘んでいると、かつてよく買っていた豆腐屋が通りかかったので、絹子の埋葬場所を尋ねると、一番近い寺の名前を告げられた。豆腐屋は「いい人だったのに、気の毒になあ」と言って去っていった。

瑞は寺を訪ね、無縁墓地の前にひざまずくと、花を供えた。

「絹子さん、私産婆になったよ。女が地獄に落ちないよう精一杯努めます」

風が吹き、絹子の「励みなよ」という声が聞こえたような気がした。

津久井磯子のもと、産婆として

産婆免許を取得した瑞は、前橋の津久井磯子のもとに戻り、美寿子とせい子は、東京の湯島で開業している熟練産婆のもとで働くことになった。

ちょうどこの頃、『東京日日新聞』に、東京府が産婆不足に悩んでいるという記事が掲載されている。富国強兵を目指す政府は新産婆の養成に力を入れたが、需要に追いつかなかったのである。

瑞の免許が登録された明治一六（一八八三）年の全国の産婆総数は二万八〇五人。うち内務省免許を持つ産婆はたったの一四五人しかいなかった。群馬県でも免許所有者は希少であり、瑞は磯子の片腕として多忙な日々を送ることになった。

この頃、妊産婦死亡率は現在と比較にならないほど高かったが、死産率も高かった。群馬県では出産一〇〇〇に対し死産は約五二、全国平均は約三二だった。現在の日本の周産期死亡率（周産期とは、妊娠満二二週から生後七日まで）は出産一〇〇〇に対し約三である。

瑞はお産の介助はもちろん、紅杏塾で学んだ最新の知見に基づいて地域の衛生指導にも力を入れた。なにしろまだ「衛生」という言葉が生まれたばかりで、病気を予防するという意識や、そのために生活環境を清潔に保つという意識は希薄だった。

瑞が妊婦のいる家を一軒一軒回りながら、注意深く衛生面の点検を行った結果、妊産婦や乳児の罹患率、死亡率は劇的に減った。津久井磯子はのちに私財を投じて群馬県で最初の産婆学校を設立するのだが、それはこのときの瑞の活動を見て、産婆養成の重要性を実感したためである。

産婆として働き、対価を得られる日々に瑞は充実感を覚えたが、ときにはカノのお産のような危険な状況に直面し、長時間、緊張を強いられることもあった。しかしこういうときこそ、瑞の真価が発揮された。磯子のもとで重ねた実践と、それを理論的に後付けた紅杏塾の講義は瑞の血肉と化しており、なによりカノのような産婦を二度と出したくないという思いが、瑞の腕をより確かなものにしていた。

それでもやはり、帝王切開や機器の使用、投薬などが必要な状況になると、近隣の医者を呼ばねばならない。産科の看板を掲げながら手つきが不慣れな医者もいれば、名医でも到着までに時間がかかり手遅れとなることもあった。また、カノのときと同様に、本人や家族が男性医師に診られることに抵抗を感じ、往診を拒否することも少なくなかった。こんなとき瑞は痛切に、自分が医者であれば——と思うのだった。

瑞は一人前の産婆として磯子とは別のお産を扱うようになっていたが、その日は双生児の出産があったため、久しぶりに二人そろって出かけた。帰路、二人乗りの俥に並んで座っているとき、磯子が言った。

「あんたにあたしの跡を継いでほしいんだけど、どうかね」

郷里を出て以来、根無し草のように生きてきた瑞にとって、前橋はもちろん、県内随一の産婆と目される磯子の跡を継ぐということは、これ以上ないほどのありがたい話だった。磯子は尊敬できる師匠であり、産婆の仕事もやり甲斐がある。この先、自分も弟子をとって師匠となり、磯子のような人生が送れるとしたら、夢のようだ。しかし瑞は磯子の顔を見つめたまま、返事をすることができずにいた。

「返事は急がなくていいよ。よく考えてからでいい」

瑞が即答しなかったことで、磯子はその心中を察した。

その晩、瑞は磯子の部屋を訪ね、やりたいことがあるので跡を継ぐことはできないと伝えた。

「これまでお世話になったのに、ご恩に報いることができず、申し訳ありません。紅杏塾の学費はこれから働いてお返しします」

「そうか。それは残念だ。ところで、あんたがやりたいことって何さね」

「はぁ、その」

「言えないことなんか」

「いいえ。私は、女や赤ん坊を救う医者になりたいのです」

磯子は目を丸くし、「知らんのか。女は医者にはなれないんだよ」と言った。

「女でも医者にしてもらえるよう、お国に頼みます」

磯子は呆れたように溜息をつき、二人の間に沈黙が流れた。瑞が、自分はとんでもない間違いを犯しているのではないかという気分になったとき、磯子の顔が緩んだ。

「そうか。わかったよ。そう簡単にお上の考えは変わらないと思うが、やるだけやってみればいい。万一、あんたが医者になって、あたしには救えん女や赤ん坊たちを救えるようになるなら、それがあたしの本望だ。あんたはあたしより器が大きい。跡を継がせるより、その方が世の中のためかもしれんね」

意志を告げた以上、もう磯子のもとで暮らすわけにはいかなかった。すでに引き受けていたお産をひと通り終えた三月下旬、瑞は前橋をあとにした。

高崎まで歩き、東京行きの乗合馬車に乗った。馬車が本庄に差しかかったとき、正面から威勢のよい掛け声が聞こえ、ふと顔を上げると、客を乗せた俥がすれ違って行った。車夫は喜助だった。

瑞は喜助が駆けていった方向を見つめながら、膝の上の大きな鞄を抱きかかえた。それは口金のついた舶来品で、磯子が診療鞄として愛用していたものである。磯子に弟子入りした頃、一人前の産婆の象徴として憧れた鞄だった。それを知っていたのか、あるいは瑞の継ぎはぎだらけの風呂敷包みを見かねたのか、別れ際に磯子がくれたのだ。瑞は後ろを振り返りながら、喜助やカノ、磯子から受けた厚情を胸に刻んだ。土埃にまみれた瑞の頬を涙が伝い、二本の筋を残した。

のちの瑞の弟子たちによれば、前橋時代のことは一切語ろうとしなかった瑞が、唯一、磯子のことだけは懐かしそうに振り返り、たびたび「師匠にはよくしてもらった」と口にしたという。

磯子は明治四三（一九一〇）年に八二歳で亡くなった。地元の隆興寺には今も磯子の遺徳碑があるが、その建立のために奔走したのは瑞だった。碑文にはこうある。

「人の窮厄を告ぐるあれば、すなわち貲《し》（財産）を傾け救恤《きゅうじゅつ》し、あるいは取りて以てこれを養う。郷黨《きょうとう》の人倫鬩争を聞けば、みずから往て解諭し必ず相和するに至らしむ、貧人の診薬を乞うは報謝を受けず、故を以て寄客絶えず、家に余財なし」

衛生局への請願

乗合馬車は、ほぼ定刻通り午後六時に万世橋に到着した。東京は桜が満開だった。瑞は、磯子に教わった前橋出身の夫婦が営んでいるという上野の安宿に向かうべく、前年に敷かれたばかりの鉄道馬車のレールに沿って歩き出したが、不忍池の手前でふと足を止め、湯島天神の方へ曲がった。岡田美寿子と駒井せい子が寄宿する産婆の家がこの辺りだと気がつき、寄ることにしたのだ。

瑞の突然の来訪に驚いた美寿子とせい子は、瑞が明日、医事制度を管轄している内務省衛生局に、女にも医術開業試験の受験を許可するよう請願しに行くと聞き、もっと驚いた。そして急遽、師匠の許しを得て自分たちも同行することにした。瑞は、二人を誘うつもりはなかったのだが、一人よりも三人の方が相手も聞く耳を持つかもしれないと思った。

翌朝、三人は上野から鉄道馬車を利用し、大手町にある内務省衛生局を目指した。衛生局は今の厚生労働省にあたる。

行き交う役人は皆、男ばかりというなかで、三人の女は明らかに場違いであった。それでも職業婦人の走りといえる美寿子とせい子は、それなりに垢抜けていたが、瑞は前橋からやってきたままの恰好だったので、二人の若い娘の下女のように見える。その下女のような女が率先して歩く姿が人目を引いた。

瑞は衛生局に入ると、入り口に一番近い席にいた若い役人に、「女にも医術開業試験を受けさせてほしくお願いに参りました」と伝えた。門前払いを覚悟していたが、そうはならなかった。役人は困った顔をしていったん奥へ引っ込み、かなり待たされたあとに出てきたのは、衛生局長の長与専斎だった。

医者の資格など医事制度について定めている「医制」は、女に医術開業試験の受験資格がないとは規定していない。ただ、試験を受けるためには、医学校に通って専門的な知識を身につける必要がある。女が入れる医学校が存在しない以上、実質、女は試験を受けることができないのだった。

したがって、「女にも医術開業試験を受けさせてほしい」という請願に、最初に応対した役人は答えようがなく、たまたま奥に居合わせた医術開業試験に関する最高責任者、長与専斎の登場となったのである。

岩倉遣外使節団の一人として渡欧し、いち早く西洋医学を学んだ専斎は、“hygiene”を「衛生」と訳し、この言葉を日本社会に定着させた人物であり、「医制」の立案者でもあった。瑞たちは、何となく偉そうな人が出てきたとは感じたものの、それが衛生局長だとは思いもせず、先ほどと同じ請願を繰り返した。

専斎は軽く頷いてからこう言った。

「ほかからも頼んできているが、まだ時が至らぬから今少し待ってくれ。産婆の開業は許されているから、とりあえず産婆になってはどうか」

するとせい子が、「うちらはもう産婆になってますわ」と返した。

「そうか。では産婆を続けながら、時が至るのを待つのだ」

専斎は、美寿子とせい子を代わる代わる眺めながら言った。瑞のことは、受験志望の若い二人の付き添いにすぎないと思っていた。瑞たちの方も、相手が長与専斎であることに気づかないまま、衛生局をあとにした。

美寿子とせい子は半休を取っていたが、昼までだいぶ時間があったので、三人で花見をしようということになり、濠端に出た。瑞もつい先日まで、そして美寿子とせい子は今も産婆として厳しい師弟関係の中にあるため、こうして気の置けない仲間と桜を見上げる時間は、いつになく楽しいものだった。三人は花見の時期だけ開いている仮設の茶屋に腰を下ろすと、団子と甘酒を注文した。

美寿子とせい子は、あらためて瑞をまじまじと見つめた。相変わらず身なりにはあまり気を使っていないようだが、肌の色が明るいので、不思議と清潔感がある。髪の色と同じ漆黒の瞳には光があり、表情は精悍さを増している。

二人とも郷里の親から、そろそろ戻って嫁入り支度をするようにと促されている。それをもう少しもう少しと先に延ばししながら産婆を続けているのだが、行き遅れることに対する不安は拭えない。そんな迷いや不安を吹き飛ばしてくれるのが瑞の存在だった。

以前、せい子が結婚歴について尋ねたとき、「結婚は好きじゃない」と一蹴した瑞は、結婚に限らず、性別や年齢などあらゆる規範から自由に見える。紅杏塾でも、なりふり構わず一心に学んでいた。そしてまだ許可もされていない女医になりたいと衒《てら》いもなく語る。こんなふうに生きられたらどんなに楽か。そう思いながらも、到底真似はできないと感じる二人だった。

「それにしても、あんたらそんなに若いのに『産婆』なんて呼ばれて嫌だろう」

瑞が団子を頰張りながら言った。

「せやな。慣れてるから何とも思わんけど。たしかに『ばばあ』呼ばわりされる年やあらへん」

せい子が言い、美寿子が笑う。

「日本中で産婆が不足してるんだ。この際、もっとましな呼び名を考えて、志望者を増やしたらいいだろうに」

瑞が今度は甘酒をすすりながら言った。

「年を問わない『産婦』はどないやろ」とせい子が大真面目に言い、「『産婦』じゃ産む本人じゃろ」と美寿子が突っ込み、三人でひとしきり笑った。

「お産を助ける女だから、『助産婦』ってのはどうだろう」と瑞が言うと、二人は

「うーん」と首を傾げ、「なんぞしっくり来んけど、産婆よりはましやない」と美寿子が言ってその話は終わった。

この約一〇年後の明治二五（一八九二）年、大阪緒方医院の医師、緒方正清と高橋辰五郎が、病院に付設した産婆学校の名称を「助産婦養成所」としたのが、「助産婦」という用語が使われた最初とされている。

高橋辰五郎は、著書『傍訓産婆学講本』に、「そもそも婆なる名称は、世人これを卑賤なる老婦の義となす。故に産婆の名を聞く者は、崇敬の念を失わずんばあらず。（中略）ゆえに予は、かつて学友ドクトル緒方正清君とこれが教育を共にせるにあたり、相はかりて、産婆の名称を改め、助産婦となし、同君の教育所を改称して助産婦教育所となせり」と書いている。

辰五郎はかなり積極的に「助産婦」を推奨したのだが、その後も「産婆」が使われ続け、法律用語として正式に「助産婦」が採用されるのは、昭和二三（一九四八）年の「保健婦助産婦看護婦法」においてである。その後、平成一三（二〇〇一）年に同法が「保健師助産師看護師法」と改称され、それに伴い「助産婦」は「助産師」となる。

「産婆は女ばかりで、医者は男ばかりやな。この先、もし女が医者になれる時代がきたとして、男が産婆になれる時代もくるんやろか」

美寿子の問いにせい子は「うーん」と考え込んだが答えられず、「ところで瑞はんは、何が何でも医者になりたいんか」と話題を変えた。

「なりたいよ。医者になれば、産婆では助けられないお産も助けることができるようになる」

瑞に言われ、美寿子とせい子は、これまで経験した死産や妊産婦死の現場を思い出していた。

「それやったら、うちも医者になりたい。産婆のままではいつまで経っても医者より一段下やからな」とせい子が言うと、父親が愛媛で医者をやっている美寿子は、少し考えてからこう言った。

「医者が産婆より偉いってことはないわい。それに医者は医者で苦労も仰山。うちは、産婦さんたちが親しみを感じてくれる産婆って仕事が気に入っとらい」

瑞は頷きながら聞いていた。たしかに、産婆もなくてはならない仕事だ。自分は、産婆や医者という肩書きにこだわりはなく、ただ産婦や赤ん坊を十二分に助けたいのだ。

「瑞さんはこれからどうするん。よかったら、うちのお師匠さんに置いてもらうよう頼むで。瑞さんじゃったら師匠も大歓迎よ」と美寿子が言った。

「私はこの足で紅杏塾に行ってみるよ。今日の衛生局の役人の話だと、そのうち女も医術開業試験を受けられるようになりそうだ。それまでに少しでも医学を学んでおきたい。だから紅杏塾の桜井塾頭に頼んで、弟子入りさせてくれる医者を紹介してもらう」

「なんぼ何でも、それはせっかちすぎらい。あの役人はうちらを追い払うためにええ加減なことを言っただけかもしれんわい」

美寿子の意見にせい子も頷く。一度請願したくらいで女に受験資格が与えられるとは思えない。

「私はあの役人の言葉を信じるよ。それに、医学ってものを学んでみたい」

瑞の決心の固さに、二人は何も言えなかった。

勘定を済ませて濠端に出ると、先ほどよりも花見客が増えている。来たときとは反対方向の鉄道馬車に乗り、美寿子とせい子は上野で降りた。

「それじゃ、今日は付き合ってくれてありがとう」

紅杏塾のある浅草まで乗る瑞は、窓から顔を出し、二人に礼を言った。瑞を乗せた馬車がレールを軋ませながら行ってしまうと、せい子が「瑞はん、本当に医者になるつもりやろか。結婚せえへんつもりなんやろか。うちはきょうび、親がうるさくてしゃあないわ」と言った。

「うちらみたいに親の言うことに煩わされたりせんで、自分のやりたいことだけやっとる瑞さんは、見とるだけで気持ちええな」

美寿子が言ったちょうどそのとき、正午を知らせる号砲が鳴った。

「あかん。お昼や。急ご！」

二人は師匠の渋い顔を思い浮かべ、一目散に走り出した。

三週間後、美寿子とせい子のもとに、瑞から葉書が届いた。しかし、実際に葉書を読んだのは美寿子だけであった。せい子は請願に行った翌日、大阪から出てきた親に見合いのため連れていかれ、そのまま帰ってくることはなかった。

瑞の葉書には、衛生局への請願に付き合ったことについての礼と、その後紅杏塾で府立大阪病院を紹介してもらったこと、病院近くの下宿に入居したこと、明日から始まる産科、外科、内科の研修が楽しみだということがしたためられていた。

話し言葉とはまったく違う取り澄ました文面に、美寿子は思わず微笑んだ。きっと今頃は無我夢中で研修を受けているに違いない。この人には絶対に医者になってほしい。美寿子は、自分が瑞のためにできることを一つだけ思いついた。

それにしても、なぜ紅杏塾の桜井塾頭は遠い大阪の病院を紹介したのだろうという疑問が浮かんだが、すぐに合点がいった。女に研修をさせてくれる病院などめったにないのだ。見つかっただけでもよかったのかもしれない。

美寿子は、瑞の新しい落ち着き先が書かれたその葉書を、大切に机の抽斗にしまった。

女子への受験許可

ところで、美寿子が花見茶屋で言ったように、衛生局長長与専斎の「時が至るのを待つのだ」という言葉は、瑞たちを体よく追い払っているように聞こえなくもない。しかし、実際に専斎は、近々女にも受験資格が与えられることを確信する立場におり、「ほかからも頼んできている」というのも事実だった。

たとえば、瑞たちの請願からさかのぼること五年、明治一一（一八七八）年に東京府が、「婦人にて医術を修業せしものは、試験のうえ開業に相成りて然るべき哉」と問い合わせ、内務省は「当分の間、何分の詮議に及びがたし」と回答している。

その三年後、明治一四（一八八一）年には、佐賀病院附属の医学校で勉強していた長崎県の女子学生が受験を希望したため、県が内務省へ問い合わせ、「当分何分の指令に及びがたし」という回答を得ている。長崎県があらためて「到底婦女子には許可すべからざるものなりや」と確認すると、今度は回答さえなかった。県が二度も内務省に問い合わせたということは、彼女に試験を受けるだけの実力があると見たからだろう。

このときの長崎の女子学生が医者になることを諦めてしまったのか、それとも初志貫徹して医者になったのかは不明である。

東京女子医科大学創設者の吉岡彌生《やよい》の自伝には「長崎県神崎郡の婦人が、それで開業試験をうけたかどうか、古い女医の名簿を調べてみましたが、長崎県に原籍を持っている人がちょっと見当たりません。内務省の回答が長びいたため、おそらく中途で断念したのかも知れませんが、女医公許の大勢をつくり出して行く上で、右の婦人の投じた一石が相当影響をしていることは否めない」とある。

長崎の女子学生の請願が拒否された翌年、のちに公許女医第一号となる荻野吟子が、東京府に医術開業試験の受験を願い出て、拒否されている。瑞たちが専斎に請願したのがその翌年なので、「ほかからも頼んできている」の「ほか」には荻野吟子も含まれていたことになる。

瑞たちが請願に出かけた明治一六年には、公許女医第二号となる生澤久野、同じく第四号となる本多銓子《せんこ》も個別に請願を行っている。そして、彼女たちが立て続けの請願を行った翌年、ついに医術開業試験の門戸が女にも開放された。雨垂れが石を穿《うが》ったかのような受験許可であった。

これについて吉岡彌生は、「日本の女医史における明治維新のような重大な出来事で、それ以後新しい教養と技術を持った近代女医が輩出してくる可能性が開かれたことを意味し、同時にまた婦人の自活の道に乏しかった時代に、小学校や女学校の教師とならんで、新しく女医という知識的な職業分野が出現してきたことを意味する、まことに画期的な大変革でありました」と評価している。

果たして、明治一七（一八八四）年九月、女子受験者を迎えた初の医術開業試験の前期試験が行われた。前期試験で基礎科目（物理、化学、解剖、生理）に合格した者だけが、臨床科目（病理、薬物、内外科、眼科、産婦人科）と実地から成る後期試験を受験することができる。

東京会場での前期試験受験者の総数は八〇〇人。しかしこの中に高橋瑞の姿はなかった。女で受験したのは、荻野吟子、岡田美寿子、生澤久野ら五人と報じられたが、生澤久野は、願書は提出したものの過労で病床にあり、受験することができなかった。

前期試験を通り、翌年三月の後期試験を受けた一二八人のうち、合格者は二七人。女で合格したのは荻野吟子だけであった。

岡田美寿子の受験は傍目には抜け駆けのように映るが、美寿子が瑞に連絡を取ろうにも、居場所がわからなかったのである。

瑞が大阪へ行ったあと、美寿子は瑞の願いを叶えるため、毎月一回、一人で衛生局へ足を運び、受験の請願を続けていた。したがって、誰よりも早く受験許可の報に接することができたのだ。すぐに瑞からもらった葉書の住所に電報を打ち、その後葉書も送ったのだが、瑞のもとには届かなかった。

請願を行った以上、自分も受験しようと美寿子は決心し、愛媛で医者をやっている父のもとで勉強を始めた。しかし、付け焼き刃では合格率一割以下の難関を突破することはできなかったのである。

瑞が女にも受験資格が与えられたことを知ったのは、荻野吟子の前期試験合格を報じる新聞記事によってであった。

荻野吟子の決意

公許女医第一号となった荻野吟子は、高橋瑞より一年早い、嘉永四（一八五一）年の生まれである。

生家は武蔵国幡羅《はら》郡俵瀬村（現埼玉県熊谷市俵瀬）の名主で、父綾三郎は息子たちのため、屋敷に儒学者を招聘するほど教育熱心だった。しかし、学者の講義に最も熱中したのは吟子だった。このあたり、武家に生まれた瑞より、吟子の方が自由だったといえるが、父は「女には要らぬ利発ぶり」と不安を口にした。

一八歳のとき、吟子は近隣の上川上《かみかわかみ》村の稲村家に嫁ぐ。稲村家は豪農であり、夫となった人はのちに銀行の頭取を務めるほど優秀であったため、吟子の結婚は「人もうらやむ玉の輿」と言われた。

しかしほどなく吟子は、遊郭に出入りしていた夫から淋病をうつされ、結婚からわずか二年で離縁される。表向きの理由は、躁鬱《そううつ》病や不妊とされた。新婚間もなく夫から性病をうつされたことによる動揺や、症状の悪化や一時的な寛解による気持ちの浮き沈みを、婚家は躁鬱病と呼んだのである。

実家に戻ったあとも、吟子は淋病の症状に苦しんだ。淋病は今日であれば抗生物質によって治癒するが、当時は一生治らない「難症」といわれていた。

女の場合、淋菌は子宮頸管、子宮、卵管、骨盤内へと進行し、子宮内膜炎、卵管炎、骨盤内腹膜炎などを引き起こす。段階によって下腹痛、不正出血、下痢、嘔吐、発熱などの症状が出て抵抗力が落ち、風邪などもひきやすくなる。不妊や子宮外妊娠の原因ともなり、妊娠中に感染すると流産や早産を引き起こし、分娩時に母子感染すると新生児が淋菌性結膜炎となり失明することもあった。

吟子は明治三（一八七〇）年に、大学東校（現東京大学医学部）で入院治療を受けるため上京した。家族が近所の口さがない噂から吟子を遠ざけたかったということもあるが、大学東校は西洋医学に基づいた最新の治療が受けられる病院だった。ここで入院治療を受けられるほど、吟子は経済的には恵まれていたのである。

吟子は大学東校で、「順天堂」第二代堂主で大学東校の初代校長でもある佐藤尚中《たかなか》の治療を受けた。「順天堂」は江戸時代に佐藤泰然が下総佐倉に開いた医塾で、このあと明治八（一八七五）年に尚中が東京湯島に「順天堂医院」を開く。

入院中の吟子は、尚中をはじめとする男性医師や男子医学生に下半身を晒しながら診察や治療を受けることが、苦痛でならなかった。病状が落ち着き、病院内を歩き回れるようになると、自分と同じように性病に苦しむ女性患者たちに出会う。彼女たちは一様に、恥ずかしさから医者に診せるのが遅れ、症状を悪化させてしまっていた。そして口をそろえて「朝夕の診察が憂鬱でたまらない」と嘆くのだった。

吟子は自分と同じ悩みを抱えている女たちが大勢いることを知り、女医の必要性を痛感した。そして、自分が医者になろうと決意したのである。そのときの覚悟を次のように綴っている。

「誰か一人奮つて此《この》大任に当り社会を涙と堕落の淵より救ふものぞ（中略）隗《かい》より始めよ」（『女学雑誌』）

退院した吟子は家族の反対を押し切り、医者となるための道を模索する。

まず、郷土の漢学者松本萬年《まんねん》のもとで学び、その後明治六（一八七三）年に、かねてから吟子の学才を高く買っていた南画家の奥原晴湖《せいこ》に伴われ上京すると、国学者および漢方医として高名な井上頼圀《よりくに》に師事した。

ところが、頼圀は学問に励む吟子に求婚したのである。妻を亡くし、独身だった頼圀は、才色兼備の吟子をおいてほかに妻となる人物はいないとまで思いつめた。

郷土の師、松本萬年が「目千両」と讃えるほど、吟子は整った顔立ちをしており、幼い頃からの母親の躾により優美さも備えていた。才気煥発な点が女としては欠点と見なされることもあったが、頼圀にとってはそれも魅力の一つだった。

吟子は元夫から性病をうつされて以来、女であることを疎ましく感じていた。しかし自分が周囲からどのように見られているかは正しく認識していた。彼女はときに芝居がかったような思い切った行動に出ることがあったが、それは周囲が決して自分を侮らないという自信に裏打ちされていたのだ。

頼圀からの求婚は、傍から見れば悪い話ではなかった。弟子を多数抱える高名な学者の妻となることは、むしろもったいないほどの良い話である。しかし最初の結婚に懲り、医者になることをただ一つの目標と定めた吟子にとっては、迷惑でしかなかった。このまま学問を続けたかったがそうもいかず、頼圀のもとを辞去すると、以前から請われていた甲府の私塾の教師になった。

それから間もなく、明治八（一八七五）年に女性教師を養成するための教育機関として東京女子師範学校（現お茶の水女子大学）が創設されると、吟子は第一期生として入学する。当時、女子の高等教育機関は竹橋にある東京女学校のみで、女子が職業に就くことを前提とした高等教育機関は、東京女子師範学校が最初だった。

吟子は教師を目指していたわけではないが、女子を受け入れる医学校がない以上、女子にとっての最高学府で学ぼうと考えたのである。

また、吟子は最初の師松本萬年の娘、荻江と親交があり、この荻江が東京女子師範の教師として雇われたことも、進学を決めた理由の一つだった。荻江は女子師範で教えながら、父萬年が東京九段に開いた私塾「止敬学舎」でも教鞭を執っていたため、止敬学舎には女子師範志望者が集まり、さながら予備校のようであった。

結婚、離婚を経験し、苦学してきた吟子は、女子師範に集まる年下の生徒たちの屈託ない明るさが苦手だった。友人はできなかったが、教師をしている松本荻江と言葉を交わすだけで十分であり、吟子にとって女子師範にいる目的は、学ぶこと、ただそれだけであった。

そんな吟子が唯一親しくなったのが、彼女より二年遅れて入学してきた古市静子である。静子は種子島の士族の娘で、吟子に劣らず苦学しており、年は吟子より四歳年長の三〇歳。二人は、他の生徒たちと比べて年齢が高い者同士、寮で同室にされた。

静子は名前の通り物静かだった。そして時折、文机に向かい、涙を拭いていることがあった。最初は見て見ぬ振りをしていた吟子だが、あるとき思い切って、「静子さん、一体どうなさったの？」と尋ねてみた。静子はしばらく躊躇していたが、吟子の親身な態度に心を許し、重い口を開いた。

「吟子さんは、森有礼先生と広瀬常子さんのご婚礼のこつあ知っちょいもすか」

「ええ、知ってるわ。二年ほど前のことよね」

唐突に著名人の名前が出てきたので、吟子は面食らった。森有礼は外務省の重職を歴任する一方で、日本最初の啓蒙結社「明六社」を立ち上げた男である。「明六社」が発行する『明六雑誌』に、五回にわたって「妻妾論《さいしょう》」という論考を発表し、大きな反響を呼んだ。

吟子は『明六雑誌』を手にしたことはなかったが、「妻妾論」は新聞に転載されたため、読んだことがあった。結婚以来、男性不信に陥っていた吟子は、その内容にすっかり共感し、こういう男もいるのかと有礼を好ましく感じたのだった。

政府は、明治三（一八七〇）年に、統一的刑法典である「新律綱領」を発布したが、このなかで「妾」は妻と同等の二親等であると定められた。さらに翌年の内務省指令には「臣民一般妾の称号苦しからず」とあり、戸籍にも「妾」の文字が記載されるようになった。

妾が明文化されたことで、その存在が公認されたわけである。当時、政府高官が妾を持つことは珍しいことではなく、だからこそこのような法制化が行われたのだが、中には「妻妾同居」させる者もあり、事実上、一夫多妻制が認められていた。

吟子がこうした風潮を苦々しく感じていた折、有礼が「妻妾論」を発表したのである。彼は、夫婦の関係は人倫の基本であり、ひいては国家の基礎を成すものだとして一夫一婦制を主張し、政府が妾制度を公認しているような国は「地球上の一大淫乱国」であると断じていた。読み終えた吟子は、快哉を叫んだ。

有礼の主張に対し、新聞紙上でも賛否両論が繰り広げられるなか、彼は旧幕臣の娘、広瀬常子と婚約し、彼の結婚観を地でいく結婚式を挙げた。それは東京府知事大久保一翁《いちおう》を立会人、福沢諭吉を証人とし、新郎新婦が「互いに敬愛する」「共有物は双方同意がなければ他人と貸借、売買してはならない」といった約束を交わすという前代未聞の式だった。

吟子が読んだ『東京日日新聞』は、これを「契約結婚式」と呼び、「ああ盛んなり男女同権の論かな、美なり開化のご婚礼かなと千秋万歳の千箱の玉を奉る代りにこの記事を書きてご披露奉る」と報じていた。

有礼は当時、商法講習所（現一橋大学）の設立の最中にあり、のちにその校舎となる京橋区木挽町の西洋館が披露宴会場として使われた。外国人を多数含む二〇〇人以上の招待客を迎え、二七歳の有礼と二〇歳の常子は腕を組んで登場したという。

一体静子はなぜ森有礼の婚礼の話などするのだろう。吟子はいぶかりつつも、「西洋式の盛大な披露宴で、ドレスを身にまとった常子さんは、たいそうおきれいだったと新聞に書いてあったわ」と言った。そして、その新聞記事を読んだとき、常子を妬ましく感じたことを思い出した。自分の結婚とはあまりに違う。しかし、自分の求める道は別にある、とすぐに思い直したのだった。

「それで、その森さんと常子さんの結婚が、どうかして？」

「どげんもこげんも……」静子は一度言葉を切ってから、嗚咽とともにこう言った。

「森先生は、私と結婚の約束をしちょったとに」

吟子は、静子が誰もが知っている「時の人」と婚約をしていたと聞き、にわかには信じられなかった。二人が知り合いであるということさえ、知らなかったのだ。しかし、目の前で悲嘆にくれる静子を見て、彼女が嘘をついているとも思えなかった。

「森先生とは八年前に、鹿児島で出おうたと」

静子は二人の出会いについて語り始めた。

古市静子と森有礼

幕末に薩摩藩遣英使節団の一人として欧米留学を経験していた森有礼は、即戦力として新政府に迎えられたが、明治二（一八六九）年、廃刀を提案して士族を中心に朝野の大反発を招き、職を解かれた。結局、政府は七年後に廃刀令を発布する。

故郷鹿児島に帰った有礼は、英語を教える塾を開く。静子はその塾の生徒の一人として有礼と出会ったのだが、有礼は翌年には政府に呼び戻され、アメリカへ派遣されてしまった。

有礼が塾を去る日、静子がもっと学びたいと訴えると、彼は「勉強がしたいなら東京へ来なさい。そのときは私が面倒を見よう」と言ってくれた。静子はこの言葉を胸に、一人黙々と勉強を続けた。

三年後、有礼が帰国すると、静子は友人とともに上京。友人は浅草の親戚宅へ行き、静子はまっすぐに森邸を訪ねた。あいにく有礼は不在だったが、有礼の母親が、同郷《さと》の健気な娘を温かく迎えてくれた。

こうして有礼との再会を果たした静子は、森邸に寄宿しながら、有礼の紹介でアメリカ人から英語を学んだ。ほどなく有礼の将来の嫁として扱われるようになり、里のもとで花嫁修業に励んだという。

「私はそんまま森先生と結婚するつもいじゃったとに、先生は突然、常子さんと結婚してしもて」

「まさか、それでこの学校に入学なさったの？」

「森先生と結婚できんのに、いつまでん先生の家で暮らすわけにはいきもはん。それに、もうこげな年ではほかに嫁入り先もなかで、勉強して教師になるほかに道はなかがね」

吟子の中に、有礼に対する怒りが沸々とたぎってきた。「妻妾論」では、「夫婦の関係は人倫の基本」などと言いながら、夫婦となる以前に女を踏みにじっているではないか。静子の青春を奪っておきながら、素知らぬ顔で別の女と盛大な結婚式を挙げるとは。「妻妾論」を読み、敬意を感じていただけに、余計に腹が立った。

「森先生のこつあ忘れようと決心してこん学校に入ったとに、こげんしてときどき気落ちしてしもてね。未練がましゅうて、軽蔑しやったとじゃなかかね」

「そんな目に遭わされながら、この二年、静子さんはずっと黙って耐えてきたの？」

「だって仕方なかがね。私に何がでくっちゅうの」

「軽蔑はしないけど、少し呆れたわ」

吟子は静子にかつての自分を重ね、苛立った。夫から淋病をうつされ、躁鬱病だ、不妊だと非を一身に背負わされて離婚した自分。夫に非を認めさせ、ひと言でいいから謝罪させたかった。治療のため入院したことがきっかけで医者を志し、多少は成長した今の自分なら、決して泣き寝入りはしない。

憤懣《ふんまん》やるかたない数日間を過ごした吟子は、学校が休みの日曜日、やにわに出かける準備を始めた。

「吟子さん、どこへ行っとな？」

静子が尋ねた。

「森さんのところよ。今は外務卿代理だから外務省かしら？　それともご自宅かしら」

吟子は、静子が止めるのも聞かず、外へ飛び出した。女子師範学校がある御茶ノ水からは、外務省より永田町の森邸の方が近いため、吟子はとりあえず森邸へ向かった。一里以上あったが、普段もっと遠方にある家庭教師先まで徒歩で移動している吟子にとっては、たいした距離ではなかった。

森邸はかつて大名の上屋敷があった高台にあり、言わずと知れた豪邸だった。吟子は迷わずにたどり着いたが、守衛に阻まれ、中に入ることができない。

守衛は、有礼が在宅か否かも答えてはくれなかった。外務省へ行けば会えるだろうか？　と考えているところへ、突然雨が降り出したので、吟子は是が非でも中へ入ろうと決めた。そして守衛ではなく、門扉の向こうにある屋敷に向かって叫んだ。

「私は東京女子師範学校に籍を置く、荻野吟子と申します。今日は、友人に対する森有礼外務卿代理の不埒な行いについて抗議に参りました。さかのぼること二年、森外務卿は――」

声が邸内まで届くはずもなく、道行く人を意識しての芝居だった。慌てた守衛が中へ取り次ぎ、吟子は邸内に入ることを許された。頭髪から着物、草履まで、吟子の身なりが整っていたことも幸いした。

守衛に付き添われて玄関ホールに入ると、長身の男が階段を下りてきた。軽くウェーブのかかった豊かな髪が洋装に似合っており、吟子は目を奪われた。森有礼は、吟子が「妻妾論」を読んだ際に想像した印象そのままに、清潔感漂う紳士であった。

「あなたは？　時間があまりないので用件を」

吟子は名乗り、女子師範学校の寮で静子と同室の者だと告げた。

「静子に何かあったのですか」

有礼は心配そうに眉根を寄せた。

「静子さんは、いまだにあなたの婚約不履行を引きずっています」

「えっ？」有礼は、意外だという顔をする。

「あなたは外務卿代理という日本を代表する立場にあり、『妻妾論』のような素晴らしい論考もお書きになっているけれど、その実体は甘言によって女を騙す卑劣な男です」


　ここまで言って、さてどうしたものかと吟子は考えた。まさか二年前の結婚を取り消して静子を娶《めと》れとは言えず、さりとて静子のいない場で謝罪をさせても仕方がない。

「かくなる上は、静子さんが女子師範を卒業するまでの学費をすべてあなたが支払ってください。慰謝料です」

　これは吟子自身の願望だった。吟子の実家は裕福だが、父や兄は吟子が医者を目指すことに反対しており、学費や生活費を援助してはくれない。母や姉がときどき仕送りしてくれるが、それでは間に合わず、家庭教師の仕事で何とか凌いでいた。それでつい出任せに言ってしまったのである。

　有礼は帽子を被ると、「そうか、わかった」と大きく頷き、騒ぎを聞きつけ奥から出てきた母の里に、「あとをお願いします」と言うと玄関から出ていった。拍子抜けし、呆然とする吟子を里が応接室に招き入れ、茶菓でもてなしてくれた。

「そう。静子さんがそげなこつを」

　里が小さく溜息をついた。吟子ははしたないと思いつつ、豪華な応接室をぐるりと見回した。有礼がこの屋敷へ入ったのは最近のことなので、静子が暮らしていたのはここではない。とはいえ、同様の立派な屋敷であったことは想像に難くない。静子はそこで、あの洋装の似合う一見紳士的な有礼を将来の夫、目の前のこの温かみのある女性を将来の姑と信じ、幸せに暮らしていたのだろう。

「私が悪かとこ」里が言った。「私が静子さんを気に入ってしまい、しょっちゅう『うちにお嫁にいらしてね』などと申しておりました。有礼にも『静子さんと結婚しなさいよ』と伝えておりましたが、有礼は留守勝ちで、私の言うことなんて聞き流していました」

「では、有礼さんが静子さんと婚約していたというのは……」

「私のせいで、静子さんがそげん思い込んだのでしょう。有礼のあずかり知らぬことです。静子さんには悪かこつしてしまいました。静子さんがお困りでしたら、すぐに用立てます」

吟子はここにいることが急に恥ずかしくなってきた。静子は思い込んでいただけで、嘘をついたわけではない。しかし、静子の言い分を真に受けた自分はここに押しかけ、慰謝料をよこせなどと啖呵《たんか》を切ってしまった。

吟子は里に非礼を詫び、早々に辞去した。門を出ると、不安そうな面持ちの静子が待っていた。

「吟子さん、ひどか。先生のお家に押しかけるなんち」

「ごめんなさい。つい頭に血が上ってしまって」

「あんね、吟子さん」静子は言いづらそうに下を向いた。「こん前は結婚の約束と言ったけど、森先生から直接言われたわけじゃなかと。じゃっで先生は悪くなかと」

「あら、そうなの。もうどっちでもいいわ。森さんは出かけてしまったし、お母様が静子さんのご様子を気にしていらしたから、お菓子をご馳走になりながら、元気に勉強していらっしゃるとお伝えしてきただけ」

有礼に慰謝料を要求したなどとはとても言えない。雨はやみ、雲の隙間から晴れ間が覗いている。二人は、並んで帰途についた。

ところでこの日、吟子と有礼の邂逅は一瞬だったが、静子のために我を忘れ押しかけてきた吟子に対する有礼の印象は、悪いものではなかった。事の顛末を有礼から伝え聞いた、のちの山梨県知事前田正名《まさな》は、吟子の気概に感心し、一時期彼女を自分の身内の秘書として雇っている。

さて、その後の森有礼である。常子との結婚から一一年後に離婚、翌年三九歳のときに岩倉具視の五女で一七歳年下の寛子と再婚している。寛子の回想によれば、有礼は当時の政治家としては珍しく「花柳の巷」に疎かったため、「無風流者として世間から笑はれたことでせう」が、「まことに厳粛にその貞節を守つて」いたという。「妻妾論」を地で行ったのだ。

「地方に講演などに参りますと大臣であるといふので随分もてなされたもので、さういふ時は書生をつれて参りましたところが、夜更けて知らないうちに美人が待つてゐるなどのことがあつたさうですが、こんな時、驚いて書生と一緒に宿を逃げ出しました。驚いて逃げてゐる方がをかしいかも知れませんが、かく厳格に貞潔を守つたのでした」（『森有禮全集』）

有礼と寛子の結婚生活は円満だったが、長くは続かなかった。明治二二（一八八九）年、大日本帝国憲法発布の日に、有礼は国粋主義者によって暗殺される。四一歳だった。

学校卒業後、幼稚園経営に身を捧げながら、生涯、有礼を慕い続けた古市静子は、彼の訃報に接したときの心境を「失望のドン底へ落とし入れられました」（『うさぎ幼稚園八十周年記念誌』）と語っている。

公許女医第一号誕生

明治一二（一八七九）年、二九歳となった吟子は、首席で東京女子師範学校の卒業式を迎えた。募集一〇〇人の枠に七四人が入学、四年後の卒業式まで残ったのは、たったの一五人だった。これは進級が難しかったというよりは、在学中に結婚が決まり、退学する生徒が多かったためである。女子師範は最高学府ではあったが、そこへ通うこと、ましてや卒業することは、女としての価値を高めはしなかった。

　女子師範へ入るような女は「容貌が悪いか、経済的に貧困であるか、何かの欠陥がある」と考えられ、実際に「容貌が見にく《ママ》いから師範に入れ」と言われた女性の話や「何が起ころうと、師範にだけは娘をやらない」と頑張った母親の話が残っている。女子師範は「尼寺」あるいは「おば棄て山」と呼ばれ、川柳には「女子師範さて縁遠い顔ばかり」と詠まれた。

　式のあと、教授の永井久一郎から卒業後の進路を尋ねられた吟子は、医学校に進みたいと答えた。医学校は全国に四〇校以上あるものの、女を受け入れている学校は皆無である。それでも吟子に並々ならぬ決意を見た久一郎は、医学界の有力者で、のちに陸軍軍医総監となる石黒忠悳《ただのり》を紹介してくれた。

　吟子は早速、忠悳を訪ね、「医者になりたいのですが、先生は、女が医者になることについてどう思われますか」と訊いた。忠悳は、「女が医者になってもよいのではないか」と答えた。

後日、吟子は再び忠悳を訪ね、「先生は女医に賛成なのですから、どうか医学校を紹介してください」と頼み込んだ。こう言われては断るわけにいかず、忠悳は吟子が私立医学校「好寿院」で学べるよう手配してくれた。まず女が医者になることに賛同させてから学校を紹介してもらうという、吟子の作戦勝ちだった。

好寿院を設立した高階経徳《つねのり》は、孝明天皇と明治天皇の侍医を務めた人物である。明治初頭、彼は天皇に西洋医学の採用を進言し、それが新政府の医療行政に大きな影響を及ぼした。

経徳の人脈を活かして一流の教師をそろえた好寿院は、学生も比較的「上品」とされていたが、前代未聞の女子医学生に対する好奇の視線は容赦ないものだった。吟子も予想はしていたため、できるだけ目立たないように、絣《かすり》の着物に男袴を穿き、男装して通学した。

学業のかたわら、学費と生活費を稼がなければならなかった吟子だが、名家出身であったことや東京女子師範学校を首席で卒業した経歴などが幸いし、家庭教師をいくつか掛け持ちすることで、なんとかやり繰りができた。

家庭教師先の一つに、実業家で易断家としても有名な高島嘉右衛門の家があった。彼は吟子の能力を高く買い、物心両面の援助を惜しまなかった。

好寿院で三年間学び、優秀な成績で卒業した吟子は、東京府へ医術開業試験の願書を提出する。しかし女が受験した前例はなく、受験の可否について審議する予定もないとにべもなく却下されてしまう。

吟子は、好寿院で学べるよう取り計らってくれた医学界の有力者、石黒忠悳を三たび訪ねた。

「男子学生たちと同じように、いえ、彼ら以上に一生懸命学んだというのに、女であるというだけで開業試験を受けられないなんて、あんまりです」

女医に賛同するなら医学校を紹介してほしいと頼んだ忠悳に、今度は、医学校を紹介してくれたのだから試験も受けさせてほしいと頼んでいるも同然だった。

「医師免許規則には、女が受験できないなんてひと言も書いてありません。書いていないのに受けられないなんて、ひどすぎます」

吟子は口を真一文字に結んで、忠悳をまっすぐに見つめた。吟子以外の人間であれば、芝居がかって見える言葉や動作も、彼女にあっては自然だった。

忠悳は早速、衛生局長の長与専斎を訪ね、医師免許規則に「女は不可」という条文がない以上は、開業試験を受けさせるべきだと意見した。

一方吟子は、これまでは現実的に無理だと目を背けていた一つの可能性について、本気で考え始めていた。医師免許規則には「外国の医学部もしくは医学校において卒業したる者」について「試験を要せずして免状を授与することあるべし」と記されている。吟子はもはや留学するしかないと思いつめ、援助を受けていた高島嘉右衛門に相談を持ちかけた。

吟子の悲壮な覚悟に同情した嘉右衛門は、吟子が長与専斎に直訴できるよう紹介状を書いた。しかしこれまでと同様に「女医の前例がない」という理由で却下される恐れがあるため、吟子に、以前師事していた国学者井上頼圀に協力を仰ぎ、かつて日本にも女医が存在したという史実を探し出すようにと助言した。

吟子は以前、江戸中期の本草学者、貝原益軒が編んだ『和漢名数』という書物の中に、「女医博士」という文字を見つけたことがあった。そして嘉右衛門の意見に従い頼圀のもとであらためて古い文献を渉猟したところ、『養老令』（七一八年制定）の注釈書である『令義解』（八三三年完成）に、国が女医を養成していたという記述を見つけた。かつて自分を袖にした吟子に協力を惜しまない頼圀だった。

吟子は今度こそという意気込みで、嘉右衛門が書いてくれた紹介状にこれら史料を添え、長与専斎を訪ねた。そして、そのわずか二カ月後に、衛生局から「女医開業許否の儀は種々評定のすえ、女子たりとも相当の手続をなし候上は、差し許し候趣旨に省議決定いたし候」という通知が下され、医術開業試験の受験資格が与えられたのである。

実は専斎は、女子の受験志望者たちからの度重なる請願を受け、受験を許可するつもりでいた。しかし衛生局として「前例がない」という理由で却下してきた以上、大義名分が必要だった。そこへ吟子が「前例がある」という証拠を携えてやってきたのである。

この経緯について、吉岡彌生はこう記している。

「長与先生は、非常に頭の進んだ方でありまして、女でも学力がある以上開業試験をうけることを許可して差支えないというふうにお考えになって、これまで下の方の役人のところで引っかかっていたこの問題が、案外すらすらと運んで、明治十七年の六月、女子の受験がはじめて正式に認められるようになりました。ひとえに荻野さんの熱誠と長与局長の英断の賜物といわなければなりません」（『吉岡弥生伝』）

こうして荻野吟子の名は、公許女医第一号としてのみならず、女には閉ざされていた医術開業試験の扉を最初に開いた人物として、日本の女医史に永遠に刻まれた。

しかし実際には、吟子と同じ頃、高橋瑞、生澤久野、本多銈子らも請願を行っていた。当時はお互い知る由もなかったが、彼女たちの立て続けの請願が功を奏したことは間違いない。

公許女医第四号となる本多銈子の「後ろ盾」による請願もかなり強力なものだった。銈子は、東京女学校切っての秀才だったことから、同窓の松浦里子とともに、成医会講習所（現東京慈恵会医科大学）校長でのちの海軍軍医総監高木兼寛に見出され、医者を目指すことになった。

兼寛はかつてイギリスに留学した際、女医の活躍を目にし、「女子の能力が女医として適するや否や」（『日本女医史』）を確かめたかったのである。

銈子は兼寛の期待に応え、成医会講習所で十分に学んだ。当然ながら、兼寛は彼女が医術開業試験を受けられるよう、衛生局に働きかけた。海軍軍医総監戸塚文海《ぶんかい》とともに、「我が国では平安朝において『女医博士』なるものが置かれていた。しかるに現治世において何故女子の開業の不可などということがあろうか」（『医事公論』）と、やはりかつて公に女医が存在したという史実を持ち出して、要請したのである。

石黒忠悳、高木兼寛、戸塚文海といった医学界の有力者たちを味方に請願を行った吟子や銈子に比べると、友人たちと連れ立って物見遊山のように出かけた瑞の請願は、甚だ緩いものだったが、受験を願う気持ちは同じだった。そして、女医志望者たちのなかで、最も真摯で実直な請願を行ったのが、当時一九歳だった生澤久野《いくさわくの》である。

生澤久野の上京

久野は幕末の元治元（一八六四）年、武蔵国榛澤《はんざわ》郡深谷宿（現埼玉県深谷市仲町）で代々医業を営む生澤家に、四人姉妹の三女として生まれた。高橋瑞より一回り年下である。蘭方医だった父の良安は研究熱心で、常々「腑分け」を経験したいと願っていた。明治一〇（一八七七）年に囚人の遺体をもらいうけ、念願の腑分けを行った日は、近隣の人々にまで酒を振る舞うほどの喜びようだったという。

この日、父を尊敬し、自分も医者になりたいと考えるようになっていた久野は、東京で医学を学びたいと父に伝え、承諾を得る。一三歳だった。

荻野吟子や高橋瑞と異なり、医者の家に生まれ、男兄弟と区別されることなく育った久野にとって、医者になることはさほど特別なことではなかった。吟子のように家族から反対されることもなければ、瑞のように女だからという理由で学業を禁じられることも、学資を稼ぐために苦労することもなかった。

しかし、上京しても女が学べる医学校はないため、吟子同様、女にとっての最高学府、東京女子師範学校に入ることを念頭に、九段にある松本萬年の止敬学舎で学び始める。深谷出身の久野にとっても俵瀬出身の吟子にとっても、松本萬年は郷党の碩学だった。

ある日の聴講後、帰宅するため久野が学舎の門を出て生垣沿いに歩いていると、中から萬年の娘で、学舎の教師も務める荻江の高らかな笑い声が聞こえてきた。思わず声のする方を見ると、縁側で荻江が友人らしき女と向かい合っている。女は背を向けていたが、荻江が久野を見とめると、釣られてこちらを振り返った。一瞬目が合い、女が軽く会釈した。久野も会釈を返したが、立ち止まるほどのことでもないと思い、そのまま過ぎ去った。体格のよい荻江と比べるといかにも小柄だったが、姿勢がよく目元が凛々しい人だと感じた。

翌日、久野が学舎へ到着すると、教室となっている和室に荻江がいた。その日は父の萬年ではなく荻江が講義をする日だった。

「久野さん。昨日私と一緒にいた人は荻野吟子さんといって、医者を目指して勉強している人なのですよ」

「荻野吟子さん、ですか」

「吟子さんは今、女子師範に通っていて、ときどきこちらにも遊びにやってくるので、今度来たら紹介しましょう」

「お願いします」

久野は東京に出てきて日が浅いこともあり、普段言葉を交わすのは、荻江と萬年、あとは下宿の主人くらいである。学舎内に親しい友人はおらず、講義が終わるとまっすぐ帰宅し、あとは予復習だけで一日を終えていた。荻江は久野と同郷ということもあり、父良安から彼女の後見を頼まれていたが、そうでなくとも世間知らずの久野を放ってはおけなかった。

こんなに頼りない娘が本当に自分から医者を志したのだろうかと、荻江は当初いぶかしんだが、久野は人付き合いが苦手なだけで、芯は強く、誰よりも勉強熱心であった。

「吟子さんはあなたより一回りくらい年上で、これまでいろいろとご苦労され、そのご経験から医者を目指すようになったのです。同じ目標を持つ者同士、きっと話が合うと思いますよ」

荻江は以前、久野が医者志望と知り、「私の親しい人に、やはり医者を目指している女性がいます。その人は、ご亭主から病気をうつされ、それがもとで離縁となり、辛い治療を経験したのです。同じような女性が大勢いることを知り、せめて女の医者がいれば、症状が軽いうちに治療を始められるのにという思いから、郷里も家族も捨てて医者を志した感心な方です」と語ったことがあった。荻江はそう話したことをすっかり忘れているようだったが、久野は吟子がその人なのだろうと合点がいった。しかしその後、荻江が久野に吟子を紹介する機会は訪れなかった。吟子が荻江のもとを訪れる機会が減ったためである。

生垣を挟んで吟子と久野がお互いを見とめた日、荻江は吟子に、「あの子は深谷の医者の娘で、生澤久野さんといいます。あなたと同じく医者を目指しているのですよ」と説明した。吟子は少し驚き、「女で医者を目指している人が、私以外にもいるのですね。ずいぶんとお若そうだけど」と言った。

「お父上が医者で、子どもの頃から医者に憧れていたようです。同郷ということで、お父上からくれぐれもよろしくと後見を頼まれました」

荻江は、医者を目指して孤軍奮闘している吟子に「同志」を紹介したかったのだが、吟子はさほど関心を示さなかった。しかし吟子は平静を装っていただけで、内心は穏やかでなかった。吟子自身意外だったが、久野に嫉妬したのである。

同じ医者志望の女同士とはいっても、久野は何と恵まれているのだろう。自分とは違って、家族が応援してくれている。荻江に後見を頼むとはつまりそういうことだろう。そして、父に憧れて医者になろうという志望動機の何と健全なことか。

彼女に負けたくない。

吟子の中に、思いもかけない気持ちが湧き上がった。もちろん、久野に医者になってほしくないわけではない。吟子の理想は、女医の存在が当たり前になり、女性患者が躊躇なく診察を受けられるようになることである。そのためには、一刻も早く、一人でも多くの女医が誕生する必要がある。ならば二人とも医者になるべきなのだ。しかし正直なところ、自分が医者になり久野がなれないということは許せても、久野が医者になり自分がなれないということは許せないと感じ、吟子は自己嫌悪に陥った。

女性患者のために女医になる。それは女として女の役に立ちたい、少しでも女が生きやすい世の中にしたいという思いからきているはずだった。その思いに偽りはなかったが、吟子の中では、誰にも負けたくないという気持ちが勝ったのである。

久野の存在を意識した日から、吟子はますます勉学に励むようになった。茶菓子を手に止敬学舎の奥にある荻江の部屋を訪れ、学問や、新聞で報じられる出来事、そして故郷の様子などについて語り合うひと時は、吟子にとって最も楽しい時間だったが、その時間を削ってでも、吟子は早く医者になりたいと思った。久野を避けたというよりは、勉学を優先した結果、自然と止敬学舎から足が遠のいてしまったのである。

久野はといえば、吟子の気持ちなど露知らず、淡々と下宿と学舎を往復する日々を送っていた。そして時折、荻江から聞いた、吟子が医者を目指すに至った理由に思いを馳せた。それは、自分などの想像を絶する過酷な経験だったに違いない。吟子は、父に憧れて医者になろうとする久野を「健全」と感じたが、久野は吟子の志望動機に比べ、自分のそれは単純で浅はかではないかと恥ずかしさを覚えた。

久野は、女が医者になるのが困難であるということは重々承知していたが、女である自分が医者になる意義について考えたことはなかった。そもそも自分が女であることをあまり意識したことがなかった。両親、特に父は性別にこだわりがなく、きょうだいは女ばかりなので、自然とそうなった。そして、性別にこだわらない父の教育こそが、久野を医者の道へと向かわせたのである。一方吟子は、女であるということを嫌というほど意識させられた結果、医者を目指すに至ったのだった。目標は同じでも、育った環境は正反対の二人であった。

久野には、吟子の苦い経験をすべて理解することはできなかったが、多少なりとも想像することはできた。思い返せば、父良安のところへ来る女の患者は少なかった。やはり女の患者は、特に性病の場合、女の医者に掛かりたいのかもしれない。吟子の存在を知り、久野は初めて患者の立場で女医について考えるようになっていた。

生垣越しに吟子を目にしてから、一度も会わないまま二年が過ぎた頃、久野は荻江から、吟子が女子師範学校を首席で卒業し、私立医学校「好寿院」へ入学したと聞かされた。その頃にはさすがに久野も、吟子は自分を避けているのではないかと考えるようになっていたが、たいして気にはならなかった。それよりも、吟子が医学校へ入れたことに驚きを隠せずにいると、荻江は慌てて「あくまで特例です。吟子さんには特別な伝手があったのです」と付け加えた。

久野は、女子師範に入学するために止敬学舎で学んでいたのだが、吟子のことを聞き、今すぐにでも医学を勉強したくなった。もはや、女子師範への入学は回り道としか思えない。とはいえ、医学校へ入る伝手はなかったので、どこかの病院に見習いとして入り込もうと考えた。そして半年かけて病院を訪ね歩き、東京府病院に見習生として入ることを認められ、産婦人科の名医山崎元修の指導も受けられることになった。久野は吟子の影響で、産婦人科を極めたいと考えるようになっていた。

この頃、久野は期せずして吟子に遭遇している。

久野は産婦人科の実習をするため、浅草の紅杏塾へ通うことにした。紅杏塾は旧産婆など、学外の実習希望者も受け入れていたのである。塾ではあったが、専門医や産婆が常駐していたため、自然とお産も扱うようになっていた。そしてお産がある日は、塾内と外部から混合で一〇人ほどの実習生が選ばれ、お産の介助を行ったり、見学したりすることができた。

同じ頃、吟子も紅杏塾で実習をしており、偶然、同じお産の見学をすることになったのである。しかし、止敬学舎での一瞬の邂逅から三年が過ぎており、久野は吟子に気がつかなかった。一方、吟子はすぐに久野に気がついた。吟子の方がたびたび久野のことを思い出していたということもあるが、久野の右頰には小さな痣があり、吟子はそれを記憶していたのである。

吟子は少し迷ってから、久野に声をかけた。

「止敬学舎へ通われていた生澤さんではありませんか？」

久野は「止敬学舎」と聞き、相手が吟子だと気がついた。自分と同じく、医者を目指して実習に来ているのだと悟ったが、吟子は意外なことを口にした。

「女が医者になることはやはり無理なのかもしれませんね。仕方がないから産婆にでもなろうかと考えています」

久野は「医者になることを諦めるのですか？」と尋ねようとしたが、実習が始まったため、言葉を吞み込んだ。一方吟子は、なぜ「産婆にでもなろうか」などと心にもないことを言ってしまったのか、自分でもわからなかった。久野が医者になれて、自分はなれないという状況に備えて予防線を張ったようで、自己嫌悪に陥った。

指導を務める三〇代の新産婆と実習生たちに見守られ、お産が始まった。紅杏塾では最新の西洋医学に基づき、仰臥位《ぎょうがい》を出産の基本姿勢としている。

お産は教科書通り順調に進み、赤ん坊の頭、そして顔が出てきた。周りを囲む実習生たちは誕生の瞬間を見逃すまいと、前に乗り出す。しかし赤ん坊は、見えない力に押し戻されているかのように、それ以上、出てくることができない。片方の肩が母体の恥骨に引っかかってしまっているのだ。産婆は産道に手を入れ、赤ん坊を引き出そうとするがうまくいかず、部屋に控えていた助手に医者を呼んでくるように伝えた。

産婦はもちろん、産道に胸部と臍帯《さいたい》を圧迫された状態の赤ん坊も苦しげで、久野は持っていた帳面を握り締め、吟子は顔を背けた。皆が騒然となる中、一人の実習生が歩み出て、産婆に産婦の両太腿を持ち上げて腹部に強く押し付けるように指示し、自分は産婦の恥骨を上から圧迫した。すると、恥骨の裏側にはまっていた肩が外れ、赤ん坊は無事、産声を上げることができた。

お産を成功に導いた実習生は、赤ん坊を指導役の産婆に手渡すと、準備してあった盥《たらい》で手を洗い、助手に呼ばれてきた医者とすれ違うように実習室から出ていった。久野にはそれが、産婆の面目を保つためだとわかった。勝手知ったる様子から、彼女は紅杏塾の塾生のようだ。もしかしたら旧産婆として経験を積んできた人で、内務省の新産婆の資格を取るためにここで学んでいるのかもしれない。久野が師事している山崎元修のもとにも、そうした旧産婆が何人かいた。

医者はすでにお産が済んでいたので、産婦の会陰裂傷の有無を確認したが、「うん、何ともない。うまいじゃないか」と言って産婆をねぎらい、赤ん坊を一瞥すると実習室から出ていった。

一実習生の鮮やかなお産介助を間近に見て、久野はますます産婦人科に惹かれた。そして、ふと前方にいた吟子の背中に視線を移した。彼女のように性病をうつされ、それが悪化すると、出産もできなくなるのだ。性病の治療を出産へ至る過程と捉え、婦人科と産科のいずれにも対応できる医者になろうと決意を新たにした。

一方、淋病によって子どもが産めない体となっていた吟子にとって、お産はどこか他人事であった。お産は基本的に女である産婆が介助する。かりに男の医者が関わったとしても、めでたいお産であれば、産婦は恥ずかしさや惨めさを感じないのではないだろうか。お産は、ここにいる産婆の卵たちが担ってくれる。自分は、男性医師の治療を厭《いと》い、症状を悪化させてしまうような女たちを救おう。結婚や出産を望んでも叶えられない女たちに寄り添いたい。吟子は自分の進むべき道をはっきりと認識した。

公許女医第一号と第二号となる吟子と久野が言葉を交わしたのは、このときが最初で最後であった。

久野の請願書

明治一五（一八八二）年、神田駿河台に東亜医学校が開設されると、久野は熱心に入学を請い、特別に許可された。上京から五年、久野は一八歳になっていた。

久野は吟子同様、男装で通学したが、席は男子学生たちから離れたところに置かれたので、「別席先生」という渾名をつけられた。

東亜医学校は大学教授など一流の教師をそろえたこともあり、一時は二、三〇〇人の学生が集まるほど盛況だったが、教師たちが相次いで洋行したため、ほどなく廃校となってしまう。教師の中には東京陸軍病院に所属していた森鷗外もいた。

いくつもの医学校や病院で研鑽を積んだ久野は、明治一六（一八八三）年六月、満を持して東京府に医術開業試験の願書を提出した。高橋瑞が岡田美寿子らと衛生局へ開業試験の請願をした三カ月後のことである。

願書は一度受理されたにもかかわらず、二カ月後に却下された。そこで久野は、郷里の埼玉県に請願を行うことにした。彼女には、荻野吟子や本多銈子のように有力者の伝手もなければ、瑞のように徒党を組む友人もいない。彼女がとったのは、請願書を提出するという生真面目な方法だった。
久野は、医学校から帰宅し簡単な夕食を済ませると、巻紙を広げ、筆で一字一句、全身全霊を込めて請願書を書き始めた。そして書いては破りを繰り返し、最後まで書き上げたときには、夜が明けていた。

医学試験請願書

榛澤郡深谷駅第百五拾九番地　平民医師　生澤良安三女　生澤久野

右のことについてお願い申し上げます。別紙履歴書にあるように、私は数年にわたり医学を修めてまいりました。本年六月二九日に東京府へ医学試験の出願を行い受理されたので、受験できるものと喜んでおりましたところ、どうしたことか昨月一六日、願書を却下されてしまいました。医学を学んできた数年間の刻苦が泡沫に帰し、憂慮を捨て去ることができないため、畏れ多いのですがこうして懇願いたします。

五穀や植物において、いくら種や苗が優れていたとしても、土地が荒れていたのでは肥料を施したところで到底十分には育ちません。人間については尚更ではないでしょうか。女性が妊娠したときに生殖器病を患っておりましたら、無病健康な子どもが生まれることは少ないのです。これは公衆衛生上、最も注意すべき点です。女性は柔和軟弱で、物に恐れ人に恥じるところがあるので、生殖器に異常をきたしても恥じて夫にさえ告げません。病気が進行し、苦痛に耐えられなくなって初めて夫に告げますが、それでも医者に掛かろうとはしません。やっと医者に掛かっても患部の検査を受けることを恥じ、症状について語ることや子宮鏡等の検査を拒む者もいます。このように女性の生殖器病の診察は容易ではないのですが、詳細な診察ぬきでは治療もできません。不肖ながら私がこのことを念頭に置いて医学を修めてきたことは別紙履歴書の通りです。私は試験を受けて医者になりたいのです。女性患者も女医が相手ならばそれほど恥ずかしさを覚えず、症状が軽いうちに診察を受けることができるでしょう。そうすれば、生殖器病にかかった状態で妊娠したり、分娩で苦しんだり、重症化したりする憂いがなくなります。どうか私の考えをお汲み取りいただき、受験をご許可くださいますよう、伏してお願い申し上げます。

明治一六年九月　生澤久野

埼玉県令　吉田清英殿

（『日本女医史』より口語訳）

これを徹夜で書き上げ、提出したあと、久野は高熱を出してしばらく寝込んだ。そして、この請願書によっても久野の受験は認められなかった。埼玉県に提出された久野の請願書は、県令吉田清英によって却下され、衛生局長の長与専斎の目に触れることもなかったのである。

上京以来の過労が重なったためか、久野の体調不良は続き、翌年、女子の受験が許可されたときには、願書は提出したものの、受験することはできなかった。

果たして久野が請願書を提出した事実は埋もれ、公許女医第一号として注目を浴びた吟子とは対照的に、久野の存在も埋もれていった。

昭和一六（一九四一）年に刊行された吉岡彌生の自伝には、「荻野さんが日本の女医の生みの親だとすれば、育ての親に当たるのが、三番目の女医になった高橋瑞子さんであります。その間に生沢ソノ《ママ》という方が挟まっておりますが、荻野さんと同じく埼玉県の出身で、明治二十年の三月に医籍に登録されたという以外、残念ながら詳しいことがわかりません」とある。ここでは久野は、吟子と瑞に「挟まった」存在にすぎない。

久野の消息が明らかになるのは、亡くなる二年前にあたる昭和一八（一九四三）年である。『日本女医会雑誌』が、「荻野吟子に次ぐ明治公許以後二代目の生澤くの女史の消息が此程《この》判明し、埼玉県深谷町に八十歳の高齢で健在せらる、ことが分った」と報じた。

久野は、吟子より二年遅れて医者となり、郷里の埼玉を中心に、六八歳まで地域医療に貢献した。医者として活動した年数は、吟子よりもはるかに長い。引退後は妹夫婦が営む写真館に間借りし、余生を送っていた。

久野は、取材のため訪れた『日本女医会雑誌』の編集者多川澄に、自分の来し方を静かに淡々と語った。そして、埼玉県令宛てに提出し、却下された請願書を出してきた。六〇年間、大切にしまっておいたのである。このときの様子を澄はこう書いている。

「刀自《とじ》（引用者注・久野）はしとやかな内にも厳然とした調子でいはれた。『日本最初の女医の道を開いたのは、荻野さん一人の力ではなく、その外に高橋瑞さんと私とが加はつてゐると思ひます。唯《ただ》荻野さんは、第一番目に医者となられたので、その元祖といふ名を得られたに過ぎない』」(『日本女医会雑誌』)

父良安の背中を見て医者を志した久野にとって、開業試験合格後、医業に従事するのは当然のことだった。公許女医第一号になりたかったわけでもなく、世間の注目を浴びたかったわけでもない。しかしこれが、久野が六〇年間、胸に秘めていた偽らざる思いだった。

多川澄は久野の請願書を持ち帰り、取材記事を掲載した号の冒頭に、久野の写真とともに掲載した。請願書の文章は、久野のみならず、女医を阻む厚い壁を突破しようとした女たちの熱意をそのまま伝えている。

時代は下り、昭和の戦後、久野の請願書は荻野吟子を主人公とした小説のなかで、吟子が書いたものとして紹介される。その小説は、「青少年読書感想文全国コンクール」高等学校の部の課題図書にも指定され、多くの人たちに読まれ、版を重ね続けた。吟子の人生はよりドラマティックに彩られ、久野の存在は忘れ去られた。

医者となったあと婦人団体の幹部となり社会活動にも関わった荻野吟子や、女性初のドイツ留学生となった高橋瑞と比べると、たしかに久野は目立たない。しかし、二二歳で医者になって以来、六八歳まで地域医療に尽くした久野は、誰よりも医者らしく生きたといえる。

久野の消息が絶えていたと考えるのは、あくまで東京の医学界からの視点であり、彼女は開業医として信頼され、日々忙しく働いていたのだ。それを証明するかのように、終戦の年、昭和二〇（一九四五）年に八一歳で亡くなった久野の葬儀には、医者を廃業してから一三年も経つというのに、元患者たちが大勢弔問に訪れたという。

第三章　済生学舎での日々

明治一七（一八八四）年九月、初めて女にも開放された医術開業試験の受験者の中に、高橋瑞の名前はなかった。府立大阪病院で研修を受けていた瑞はこの頃、学費と生活費が底をついたため、いったん研修を中断し、大阪で産婆として働いていたのである。

瑞は産婆として訪問した家で偶然、荻野吟子が医術開業試験の前期試験に合格したことを報じる新聞記事を目にした。

「こうしちゃいられない」と、その日のお産が終わるのももどかしく、夜半、荷物をまとめ、下宿を出た。一週間後東京に到着すると、以前世話になった上野の安宿に落ち着いた。

瑞はまず、医学校に入学しようと考えた。前期の学科試験に合格するためには、医学校で学ぶ必要がある。新聞報道によれば、荻野吟子は好寿院で学んだというが、特別な伝手があったらしい。さて自分はどこで学ぶべきか。

瑞はまたもや出身の産婆学校、紅杏塾へ行き、塾頭の桜井郁二郎に、女でも入れてくれそうな医学校はないかと尋ねた。すると、高木兼寛が校長を務める成医会講習所には、女子医学生がいるという。それは、兼寛が「女子の能力が女医として適するや否や」(『日本女医史』)を見定めるため、実験的に入学させた本多銓子と松浦里子のことだった。

早速、京橋にある成医会講習所へ足を運んだ瑞だったが、事務所で学費についての説明を聞き、諦めた。入学金が一円五〇銭、月謝が一円二〇銭と、他の医学校と比べて決して高い金額ではなかったが、月謝は半年分前納しなければならず、貯えのない瑞には無理であった。

しかし、かりに月謝を納めることができたとしても、女であることを理由に入学を拒否されたかもしれない。当時すでに本多銓子や松浦里子が兼寛の「実験」に対し、女にも医学を修得する能力があるということを証明しつつあったが、講習所はその後、女子を入学させていないのだ。

成医会講習所へ入ることを諦めた瑞は、女子の入学如何よりも、学費が払えそうな医学校を探すことを優先し、湯島にある済生学舎(現日本医科大学)へ向かった。済生学舎は医術開業試験の予備校を標榜しており、来るものを拒まず受け入れ、月謝も月ごとに支払えばよい。しかし、来るもの拒まずといっても、それはもちろん男子に限られていた。

瑞は、校長の長谷川泰《たい》に直談判して入学の許可を得ようと考えた。

長谷川泰は、荻野吟子が淋病治療のため大学東校に入院した際、彼女を診察した医塾「順天堂」第二代堂主、佐藤尚中の弟子にあたる。

慶応二（一八六六）年、尚中は娘の志津に婿をとって順天堂を継がせようとした。その際、尚中が志津に勧めたのが、弟子の中でも特に優秀だった長谷川泰である。

しかし一五歳の志津は、きっぱりと父の勧めを拒否し、同じく父の弟子でもう一人の婿候補、高和東之助《たかわとうのすけ》を選んだ。泰と東之助の容姿は好対照であり、周囲の誰もが志津は婿を顔で選んだと噂した。いずれにしても、「奇人」と評される泰を選んでいたら、志津の人生はかなり違ったものになっていただろう。

志津と結婚した東之助は、佐藤尚中の養嗣子《ようしし》となり、「佐藤進」と改名した。尚中の援助でドイツに留学し、東洋人として初の医学士の学位を取得するなど、医師として輝かしい功績を上げる。

一方、志津に選ばれなかった長谷川泰は、幕府の医学所で学んだのち、大学東校の教官となるが、明治七（一八七四）年、政府内ではすでに廃校となることが決まっていた長崎医学校の校長に任じられた。「栄転」と見せかけたこの「左遷」は、泰の直情型の性格が災いし、政府の不興を買ったためであった。常々政府の医学行政に不満を抱いていた泰は、長崎医学校の廃校を機に、自ら西洋医養成機関を創ることを決意する。

当時、正規の医学教育を受けるためには時間と学費がかかり、西洋医の不足に対応できていなかった。そこで泰は、多くの西洋医を短期間で養成するため、希望者は誰でも受け入れ、早朝から夜まで講義を行うという医術開業試験のための予備校、済生学舎を設立したのである。

同校では、全課程を一年で修学して開業試験を受験することも可能だった。これは成医会講習所を創った高木兼寛の「四年間十分に学んでから受験せよ」という方針とは対照的だった。

成医会講習所では頻繁に試験が行われたが、済生学舎では一切試験がなく、最終的に開業試験に合格すればよしとされた。さらに成医会は精神修養を重んじ、たとえば兼寛自らが校門に立ち学生たちの服装点検を行ったが、済生学舎は校長である泰自身が、かかとのつぶれた靴を履き、垢に染まった着物を時折裏返しに着てくるという有様だった。泰が志津から婿に選ばれなかった理由は、このあたりにあったのかもしれない。

同じ頃、志津の父であり、「順天堂医院」初代院長の佐藤尚中は、やはり短期間で西洋医を養成する必要性を感じていた。そこで、校長を務めていた大学東校において、洋書を使用し修業年限を五年とする「正則生」とは別に、訳書を用い修業年限を三年とする「変則生」を認めることにした。

しかし、政府から実質的な権限を与えられていたドイツ人教師のミュルレルとホフマンが少数精鋭主義を採ったため、優秀な学生以外は退校させられ、「変則生」も廃止されてしまう。

腹に据えかねた尚中は直ちに校長を辞し、追放された二〇〇人余りの学生たちの受け皿として、浅草に私立医学校「済衆舎」を開いたが、病に倒れ、二年で閉校せざるをえなかった。このとき学生たちのさらなる受け皿となったのが、長谷川泰の済生学舎であった。

義父急病の報に留学先から急遽帰国した佐藤進は、尚中の跡を継いで順天堂医院の第二代院長となり、済生学舎の学生たちの実習病院として、快く順天堂医院を提供する。

尚中の娘志津の婿候補となり、片や選ばれ片や選ばれなかった進と泰であったが、二人の間にわだかまりはなかった。

直談判の末の入学

高橋瑞が、学費を一括納入しなければならない成医会講習所への入学を諦め、済生学舎へ入学しようと考えたのは、長谷川泰が同校を設立してから八年後のことである。

瑞は入学の許可を得るため、湯島にある済生学舎の校門の脇に立ち、泰を待つことにした。しかし、瑞は泰の顔を知らない。俥で通ってくる教師が多かったため、校長である泰も当然俥でやってくるだろうと当たりをつけ、それらしい貫禄のある人物が俥から降りてきたら声を掛けようと考えた。

「来るもの拒まず」の済生学舎には、医者になりたい一心で上京してきた豪放な学生たちが集《つど》っており、周辺に「学舎租界」と呼ばれる一種独特の雰囲気を作っていた。

瑞はそのど真ん中で、通りかかる男子学生たちの好奇の視線を浴びながら、一日中目を凝らして立ち続けた。しかし、泰らしい人物は一向に現れない。夜になると上野の宿に帰り、翌日も、翌々日も立ち続けた。

すると四日目の朝、老書生風の男から「毎日ここに立っておいでだが、誰か待つ人でもあるのですか」と声を掛けられた。

「校長の長谷川泰先生を待っています」

瑞は、その間も泰の姿を見逃すまいと、通りに目をやっていた。

「私が長谷川です」

瑞は絶句した。そういえば、昨日も一昨日もこの男が前を通過したような気がする。しかし、いつも垢じみた着物を身につけている泰は、一見して校長とわかるような風貌ではなかった。

瑞は我に返ると、「どうか、私を先生の学校に入れてください」と頭を下げた。

「ご存じだろうが、うちには女子の学生はいない。禁じているわけではないが、これまで一人も入りたいと言ってきた者がない」

「それは、今まで女が医術開業試験を受けることができなかったからです。今年から、やっと女も受験することができるようになって、荻野吟子という人が前期試験に通りました」

「もちろん知っておるが、荻野君は女としては特別な例ではなかろうか。あなたに真似ができるのですか」

「はい。私はすでに産婆の免許を持っています。大阪病院で研修も受けました。あとはここで、学科を学びたいのです」

泰は無精して伸びた顎鬚《あごひげ》を触りながら、瑞の顔をまじまじと見つめると「考えておきましょう」と言って、去っていった。

いつの間にか、二人の周りを学生たちが取り巻いていたが、泰が校門の中へ入ると、あとに続いた。そして瑞を振り返りながら、面白そうに「女は帰れ！」「女は帰れ！」と声を張り上げる。その声はもちろん、泰の後ろ姿を見送っていた瑞の耳に入ったが、泰を待ちわび、四日目にして言葉を交わしたうれしさの前では、取るに足らない雑音にすぎなかった。

とりあえずの目的を果たした瑞は、済生学舎をあとにし、岡田美寿子を訪ねることにした。美寿子が寄宿する産婆の家は、済生学舎の目と鼻の先である。裏木戸から覗くと、井戸端で洗濯をしていた美寿子が気がつき、「瑞さん」と駆け寄ってきた。

「元気じゃったか？　どこへ行っとったんよ。医術開業試験が女にも解禁になったとき、大阪の住所へ知らせたんぞ」

「それはすまなかった。あっちこっちで産婆をしてたんだ。あんたが受験したことは、新聞で読んだ」

「瑞さんの代わりに受けたようなもんよ」

二人は立ったまま、お互いの近況を話した。美寿子は、駒井せい子が親元に帰り、結婚したことを告げた。

「せい子さんなら、自分で自分の子どもを取り上げられるかもしれないね」瑞は笑いながら言った。そして、「ところで、試験はどんなもんだった?」と本題に入った。

美寿子は、実家の父に勉強を見てもらったが、まったく歯が立たなかったと話し、瑞を自分たち弟子が寝起きする部屋へ招き入れた。そして、もう自分には必要ないからと、父からもらった医学書を四冊、瑞にくれた。

「そんな大事なもん、もらえないよ」

「瑞さんに使ってもろたら、うちはうれしいんよ。医者になってから返しに来てや。うちはずっとここにおるけん」

瑞は医学書をありがたく受け取り、宿へ帰った。医学書には、大阪病院で学んだ研修内容がわかりやすく文章化されており、早速読みふけった。

泰に直談判を果たしたものの、このままうやむやにされてはたまらないと、瑞は翌日もまた済生学舎の校門脇に立った。昨日とほぼ同じ時間に、泰が歩いてやってきた。瑞を一瞥する泰に「よろしくお願いします」と頭を下げると、泰は「うん」と言って通り過ぎる。同じことが四日続いた。

泰はそのうち瑞が諦めるだろうと踏んでいた。しかし、泰の企みに気づいた瑞は、意地でも諦めないと決意した。その決意に今度は泰が気づき、五日目に瑞の前で足を止めた。

入学を許可されるのか、それとも去れと言われるのか。瑞は計りかね、いつものように「よろしくお願いします」と頭を下げることも忘れ、ただただ泰の目を見つめた。

泰は、以前と同様、顎鬚を触りながらこう言った。

「毎日、ご苦労だね。ともかく私の一存では決められないので、会議にかけ、ほかの教師たちの意見を聞いてみよう。会議といっても、すぐにというわけにはいかないので、そうですね、来週の月曜日のこの時間にここに来れば、回答をお聞かせしよう。約束するから、もうここに立ち続けなくともよい」

瑞は泰の後ろ姿に深々と頭を下げた。一〇日近く、埃の舞う道に立ち続けた瑞の髪は、鳥の巣のようだった。早朝に宿を出て、済生学舎の前で泰が現れるまで張り込んでいたため、まともに食事がとれず、頰がこけてしまっていたが、目だけは爛々としていた。

果たして月曜日、約束の時間に瑞が済生学舎の前にたどり着くと、中から事務員が出てきた。瑞の姿を見とめると、「入学を認めます。どうぞ、中で手続きを」と言った。瑞は喜びのあまり言葉も出ず、黙って頭を下げるばかりだった。

瑞が喜びを噛み締めながら、いつも外から眺めるしかなかった校門の中へ一歩踏み込むと、男子学生たちの視線が一斉に集まり、次の瞬間、拍手が起こった。彼らは、女の学生を歓迎したわけではなかったが、毎日校門脇に立ち続ける瑞の姿を目にしていたため、素直に感服したのである。

瑞の入学は、日参の末の粘り勝ちという印象を受けるが、医術開業試験が女子に開放されたのだから、医学校も女子を受け入れるべきだという瑞の主張に一理あったということが大きかった。さらに、泰が性別や身なりにかかわらず、相手の言い分に耳を傾ける人物であったことも幸いした。

瑞が済生学舎への入学を果たしたことは、吟子が好寿院へ、久野が東亜医学校へ、それぞれ特別に許可をもらって入学したこととは意味合いが異なる。済生学舎がまったく伝手のない瑞の入学を認めたということは、以後、女子学生の入学を拒まないということを意味したからである。

その後、済生学舎が再び女子学生を受け入れなくなるまでの一六年間に、四〇〇人以上の女子学生が同校で学び、一〇〇人近い女医が誕生した。その中の一人である吉岡彌生が、のちに「荻野さんが日本の女医の生みの親だとすれば、育ての親に当たるのが、三番目の女医になった高橋瑞子さんであります」と語るのは、瑞が女に閉ざされていた医学校の扉を体当たりで開き、その後の女医志望者たちに道筋をつけたことによる。

彌生が済生学舎で学んで医者となり、その後、東京女医学校を創設したことを思えば、瑞が女医の一般化にどれほど貢献したかがうかがえる。もちろん、瑞自身にはそうした気負いは一切なく、自分が学びたい一心で済生学舎への入学を果たしたにすぎないのだが。

瑞と久野

門前に立ち尽くして入学を勝ち取った瑞に対し、その瞬間は拍手を送った男子学生たちも、実際に女と机を並べるとなると、話は別だった。彼らにとって「仁術」である「医」とは、能力、気力ともに充実した男子のみが担うことを許されたものであった。

それは、彼らが学んでいる西洋医学が説いていることでもあったのだ。西洋医学では、女は子宮という「故障しやすい」臓器を抱えているために脆弱で、知能も低いとされていた。また、月経時には精神に異常をきたすとされ、人の命を預かる医者という職業にはまったく向かないと考えられていた。もう少し時代が下り、女医が少しずつ増え始めると、月経によって「神聖な手術室を穢す」という理由で排除しようとする動きも見られるようになる。

そもそも女は職業に向かないと信じられている社会の中で、医者を目指そうなどという女は、「狂人」かあるいは自分を男並みと「勘違い」している鼻持ちならない女と見なされた。だからこそ荻野吟子も生澤久野も、できるだけ目立たぬように男装して医学校へ通ったのだが、着物を何枚も持っていない瑞には、男装するという発想すらなかった。

吟子や久野は、男装したところで女にしか見えなかったので、見下されてからかわれたり、性的な視線を向けられたりしたが、瑞の場合はもっと露骨な攻撃にあった。長谷川泰に直談判して入学を許可させたことで、下手に一目置かれたせいもあるが、済生学舎の学生たちは、好寿院や東亜医学校の学生たちとは比べ物にならないくらい荒々しかったのである。

瑞が教室へ入ると、男子学生たちは一斉に足で床を踏み鳴らした。数百人を収容する大教室なので、その音は凄まじかった。

　席について黒板を見ると、「女は帰れ」「女医は不可」から、「乞食」「行かず後家」といった瑞の貧しさや年齢をからかう悪口が書かれている。これが最初の一カ月、毎日続いたが、ある程度予想はついていたので、さほど気にはならなかった。

　そんなことよりも、瑞にとって深刻な問題は貧困であった。質草も尽き、裁縫の内職をしながら朝を迎えることも珍しくなかった。済生学舎の教師は、本業である大学の授業の前後に講義を行うため、午前五時に講義が始まる日もある。そんなとき瑞は、一睡もせずに薄暗い中を出かけた。

　ある日、瑞は徹夜で内職をし、早朝四時に下宿を出た。冬だったので股引を穿き、持っている着物を総動員して重ね着し、懐手をして寒さを凌ぐ。日和下駄の音をカラコロいわせながら通りを歩いていると、初老の巡査に呼び止められた。

「おい、おまえ、一体どこへ何しに行く」

「済生学舎へ講義を聴きに行くところです」

「済生学舎？　医学校ではないか。おまえは女だろう」

「女でも済生学舎の学生です」

「嘘をつけ！」

瑞は荷物の入った風呂敷包みを「担ぎ屋」のように首にかけて運ぶ癖があり、それだけならまだしも、早朝であったこと、身なりが粗末だったことから、目をつけられたのである。

巡査は有無を言わさず瑞を近くの交番所へ連行した。そして、風呂敷包みの中を検め始めた。すると、教科書と筆記用具と帳面のほかに、紙に包まれた弾け豆と、菓子箱の蓋が出てきた。弾け豆は弁当を持っていく余裕のない瑞が、空腹を紛らわすために持ち歩いているものだった。

「これは何だ」

巡査が菓子箱の蓋を手に取った。

「教室が混んでいて、立って講義を聴くときは、それを台にして帳面に字を書くんです」

立ったまま左手に帳面を載せた蓋と墨壺を持ち、右手で毛筆を使うのは、最初は難しかったがもう慣れた。

教科書が入っていたので、巡査は瑞が医学生であることを認め、「すまなかった」と謝ると、広げた荷物を手早くまとめ、済生学舎まで早足で先導してくれた。交番所から最短の道を行ったため、なんとか五時ちょうどに着くことができた。別れ際、巡査は「これからは女の医者も必要になるだろう。頑張りなさい」と言って去っていった。

講義の開始時間には間に合ったものの、すでに席は埋まっていたため、瑞は他の多くの男子学生たちと同様、廊下から首だけ教室へ入れて、講義を聴く羽目になった。こんなとき、菓子箱の蓋が役に立つのだった。

その夜、瑞が帰宅し、一番上に着ていた着物を脱ぐと、背中の辺りに墨で落書きがされていた。廊下で講義を聴いている間に、男子学生にやられたに違いない。何枚も重ね着をしていたので、気がつかなかった。おそらく数人で、着膨れを笑いながら、古い着物なのでためらいもなく筆を走らせたのだろう。

瑞は、すぐにでも洗濯したい衝動に駆られたが、思いとどまった。洗ったところで汚れは落ちないし、朝までには乾かないから、着るものが足りなくなる。薄着で風邪を引いたら、それこそ男子学生たちの思う壺だ。

翌朝、瑞は落書きされた着物を内側に、いつも内側に着ている着物を外側に着た。これで落書きは見えなくなる。しかし思い直し、今まで通り、落書きされた着物を一番外側に着ることにした。別の着物まで落書きされることを防ぐためである。幸い背中に荷物を担ぐと、落書きは目立たない。

五時前に教室へ入ると、まだ前の方の席が空いていた。瑞が荷物を下ろし、椅子に腰掛けると、後ろの方で騒いでいた男子学生たちの一群が静かになった。そしてその日はそのまま、比較的静かに一日が過ぎていった。それが、落書きされたままの着物を着ている自分のせいだとは、瑞は気づかなかった。

さらに翌日、瑞が教室へ入り、前の方の空席を目指して歩いていくと、机の上に折り畳んだ着物が置いてあり、「高橋瑞殿」と書かれた紙が添えられていた。落書きをした主が良心の呵責に耐えかね、母親に縫わせたものだった。

瑞はすぐに合点が行き、学用品や菓子箱の蓋を出したばかりの風呂敷に、その着物を包んだ。帰宅後、着物を広げてみると、それはいつも瑞が着ている粗末な木綿の着物と大差なかったが、新品であるだけでもありがたい。瑞は落書きをされたことで、むしろ得をしたと喜んだ。

その後も毎日、瑞は教室の前の方の席を確保するため、誰よりも早く登校した。後ろに座ると教師の声が聞こえず、日が暮れると黒板の文字が見えなくなるのだ。

普通は一年かけて全課程を終えるのだが、できるだけ月謝を節約したかった瑞は、独学できるところは夜中に下宿で済ませ、入学から四カ月後には医術開業試験の前期試験に挑んだ。そして合格を勝ち取る。もし瑞が「四年間十分に学んでから受験せよ」という方針の成医会講習所へ入っていたら、こうはいかなかっただろう。

ちょうど同じとき、体調不良のため女子に開かれた最初の医術開業試験を受けることができなかった生澤久野が、前期試験に合格している。すでに東亜医学校は廃校となっていたため、久野は臨床科目と実地試験から成る後期試験に備え、女子に門戸を開いた唯一の医学校、済生学舎に入学した。

すでに、瑞に続いて数人の女子医学生が入学を果たしていたが、皆、男子学生の嫌がらせに遭い、やめてしまっていた。

瑞は、久野の姿を見とめると、すかさず声を掛けた。色白で細く、いかにも気弱そうである。これでは男子学生たちの恰好の嫌がらせの的となり、数日で退学してしまうに違いない。

「はじめまして。高橋です。あんたも医者を目指してるのか」

声を掛けられて振り向いた久野は、思わず「あっ！」と声を上げた。目の前の女は、かつて紅杏塾でお産の実習を受けたとき、指導の産婆が対応できなかった難産を無事成し遂げた実習生だった。

二人はすぐに打ち解け、お互いにこれまでの苦学の道のりを語り合った。そして、同時に前期試験に合格していたことを知った。

「それならあんた、来年の後期試験を受けるのか」

「はい。そのつもりです。最初の前期試験を受けそびれてしまった分、少しでも早く後期試験を受けたいのです。私はどちらかというと、前期試験の物理や化学といった学科試験より、後期の実地試験の方が得意です」

「そうか。それはいい。頑張って」

「高橋さんは？」

「学科試験は独学でも何とかなるが、実地はそうはいかないから、私はもう少し勉強してから受けるさ。あんた、先に合格して、いろいろ教えてよ」

「わかりました。先に合格したら、必ず高橋さんのところへ参ります」

紅杏塾での実習の際、瑞が見せた鮮やかな手技が忘れられない久野は、「高橋さんは、これまで何回くらいお産を扱ったことがあるのですか？」と尋ねた。

「数えたことはないけど、そうだな、ざっと二万くらいか」

予想外の数字に久野は絶句した。

「生活のためにやってたら、自然とそうなったんだ」

この日は二人とも、解剖の実習に参加した。瑞にとっては初めての解剖であったが、久野は子どもの頃から父良安の指導の下、犬や猿を解剖した経験があり、手慣れていた。瑞は、久野に出会えたのが幸いとばかりに、教えを乞うた。

二人の年齢はちょうど一回り離れており、一見、瑞が久野に教えているように見えたため、男子学生たちは「おばはんが小娘に教えとるのかと思ったら、おばはんが教わっとるのか」とからかった。

二人の熱心な様子に、女に医者は務まらないという信念が揺らぎ始めた男子学生も何人かいた。この先、女医が増えることへの反発から、「女医亡国論」が興るのだが、その際わずかながら、女医を擁護する男性医師たちが現れる。彼らはこの日、瑞や久野と同じ解剖室にいた面々であった。

佐藤志津との出会い

後期試験を受けるためには病院での実習が必要だった。校長長谷川泰と順天堂医院第二代院長佐藤進の縁により、済生学舎の学生たちは順天堂医院で実習することができたが、それは男子学生に限られていた。のちに済生学舎も学生の実習の場を兼ねて病院を併設するのだが、それは久野や瑞が済生学舎を出たあとのことである。

実習先がなくて困った久野は、成医会講習所校長の高木兼寛が設立した有志共立東京病院で実習する手筈を整えた。

同病院は、貧窮者の救済を目的としており、無料で治療を行っていた。経営は有志者からの寄付に頼っていたが、特に津田梅子らとともに岩倉遣外使節団に随行する形で渡米し、帰国後陸軍大臣大山巖の妻となった大山（旧姓山川）捨松は、資金集めに協力的だった。

当時は鹿鳴館時代の最盛期であり、洋装が似合いダンスが踊れ、外国語にも長けている捨松は「鹿鳴館の華」と呼ばれ注目を浴びていた。明治一七（一八八四）年六月、彼女は鹿鳴館で、時の首相伊藤博文の妻や外相井上馨の妻らとともに、三日間にわたって日本初のチャリティーバザーを開催し、莫大な収益を上げる。兼寛はその資金によって、日本で最初の看護婦教育所を設立することができたのである。

翌年もバザーは開かれ、皇后も臨席して品物を買い上げるなど話題となった。その後、有志共立東京病院は皇后から「慈恵」の名を賜り、東京慈恵医院と改称し、今日の東京慈恵会医科大学附属病院に発展する。

久野は、同病院で兼寛から直々に実習の指導を受け、明治一九（一八八六）年、後期試験に見事合格。約束通り済生学舎に瑞を訪ね、試験会場の様子から試験の内容まで、詳細に報告した。

別れ際、瑞は久野と握手しながらこう言った。

「最初にあんたを見たとき、気弱そうなお人だと思ったけど、実際は全然違ったよ。あんたは強い人だ。良い医者になってください」

久野は生涯、このときの瑞の手の温かさを忘れることはなかった。それは上京以来、ずっと一人だった久野にとって、初めて人と心を通い合わせた瞬間であった。

久野が晩年、『日本女医会雑誌』の編集者多川澄に語った「日本最初の女医の道を開いたのは、荻野さん一人の力ではなく、その外に高橋瑞さんと私とが加はつてゐると思ひます。唯荻野さんは、第一番目に医者となられたので、その元祖といふ名を得られたに過ぎない」という言葉には、瑞に対する特別な思いが込められていたのである。

後期試験受験のため、瑞も病院での実習が必要となったが、久野と同じ有志共立東京病院へ行こうとは考えなかった。済生学舎の男子学生たちと同様に順天堂医院で実習すれば、月謝が格安で済むからである。瑞は講義後、校長の長谷川泰をつかまえ、

「女の医者が出てるのに、実習をさせてもらえないなんて、おかしいです。先生から順天堂の佐藤先生に頼んでください」と言った。

「うちの学生を実習させてもらっているだけでもありがたいのに、むこうが駄目とい

うものを無理強いはできんよ。女の学生も入ってきとるから、うちもこうして実習用の病院を建てておる」

泰は、教室の窓から見える建設中の建物を指差した。「あともう少しでできるから、待っていなさい」

「待ってはいられません」

生活苦に喘ぐ瑞は、一刻も早く医者になりたかった。泰が当てにならないとわかると、瑞は済生学舎から、同じ湯島にある順天堂医院まで走った。いったん立ち止まって深呼吸をしてから門をくぐり、正面の病棟に入ると院長の佐藤進を探した。

患者やその家族でもない女が、必死の形相で病院内を歩き回ったので、ちょっとした騒ぎになった。そこに現れたのが、佐藤進の妻で、佐藤尚中の娘、志津である。患者たちが遠巻きに見守る中、高価な着物を上品に着付けた志津は、瑞に「佐藤をお探しとのことですが、どちら様ですか」と柔らかく尋ねた。

片や裕福な院長夫人、片や極貧の苦学生ではあったが、二人の年齢は一つしか違わない。志津の方が年上である。

「私は済生学舎の学生で、高橋瑞といいます。こちらの病院で実習をさせてもらいたく、佐藤進先生を探しております」

「佐藤はあいにく、今日は戻りません。もしよろしければ、私がお話を伺いますよ。どうぞ」

志津は瑞を応接室へ招き入れ、茶菓でもてなしてくれた。瑞は、すでに女医が誕生しているというのに、実習をさせてもらえないのは不都合だという話から始まり、自分は望んで女に生まれてきたわけではない、できることなら今すぐにでも女をやめたいといったことをきんつばやあられを平らげながら、喋り続けた。志津は、行儀よく両手を膝の上でそろえ、瑞の目を見つめながら、気持ちのよい相槌を打ち、瑞の茶碗が空になると、すかさずお茶を足した。

居心地がよかったため、瑞はすっかり長居してしまい、志津に見送られて外に出たときには、とっぷりと日が暮れていた。

「しまった。こんなところで油を売っとる暇なんてなかったのに」

その日は幸い、裁縫の内職は受けていなかったのだが、明日の講義の予習をしておきたかった。瑞が急いで下宿へ戻ると、隣の下宿に住んでいる山口順一という男に出くわした。

瑞は、下宿にいる時間は寝る間も惜しんで勉強と内職に没頭したが、学校が休みの日には、近所の学生たちと囲碁や花札で遊ぶこともあった。前橋の産婆時代に覚えた煙草を分けてもらうためにも好都合だったのだ。

順一はその遊び仲間の一人で、東大の学生だった。

「おや、瑞さん。今日はまたずいぶんと帰りが遅いね」

「ちょっと順天堂医院へ行ってきたんだ」

「どこか悪いのかい？」

「いや、どこも悪くない。病院実習をさせてほしいと、院長先生にお願いに上がったんだけどお留守で、代わりに院長の奥さんに頼んできた」

「それで、実習はさせてくれるって？」

「奥さんが院長に頼んでくれるらしいが、どうだかな。もし無理なら、働いて金稼いでから、女でも実習させてくれる病院を探すしかないな。じゃあ、急ぐから」

すげなく去ろうとする瑞に、順一は驚きの事実を告げた。

「佐藤進は、僕の伯父さんだよ」

「本当か」

「本当だよ」

「何で今まで隠してたんだ」

「隠してたわけじゃないよ。わざわざ言うことでもないだろう？　よし、明日にでも伯父さんの家に行って、僕からも実習のことを頼んでみるよ」

「順さん、恩に着るよ」

囲碁や花札に興じた時間も、無駄ではなかった。

三日後、瑞は学校で長谷川泰に呼ばれ、順天堂医院での実習が許可されたと告げられる。順一が口を利いてくれたことは確かだが、実際のところは、志津の助力が大きかった。

志津はあの日、自分の想像も及ばないような人生を歩んできた瑞にいたく同情し、進が帰宅するなり、瑞の実習を許可するよう頼んだ。進はあっさりと承諾する。これは何も進が佐藤尚中の娘である志津に、頭が上がらなかったというわけではない。進は、知性と品格を備えた志津を心底、信頼しており、彼女が見込んだ人物ならば、拒否する理由はないと考えたのである。そして、彼女から瑞が窮乏していると聞いた進は、月謝も免除することを決めた。

泰から月謝免除についても告げられた瑞は、志津の采配に違いないと気づき、思わず「佐藤先生の奥様は、たいそうきれいなお人ですが、中身も素晴らしく上等なお人ですよ」と口にした。かつて、泰が志津の最も有力な婿候補であったことは、その界隈では誰もが知っている有名な話だったが、噂話に興味がない瑞は知らなかったのだ。

泰は「そうですね」と言葉少なに応じた。

佐藤志津は、恵まれた環境に生まれたことを自覚し、その立場を十分に活かして、主体的に生きた人である。能力のある女性への支援を惜しまず、数々の慈善事業にも積極的に関わった。この先、教育者の横井玉子が設立した私立女子美術学校（現女子美術大学）が経営難に陥ると救いの手を差し伸べ、玉子が志半ばで病没したあとは、自らが校長となって学校の存続に尽力する。

月謝は免除されたものの、束脩《そくしゅう》、つまり入学金の五円さえ用意することができない瑞は、布団を売って金策した。勉強や内職に忙しく、まともに寝る時間などなかったのでためらいはなかった。そのことを甥の順一から伝え聞いた佐藤進は、驚いて束脩を返してくれたが、瑞は布団を買い戻すことはしなかった。後日、順一にこう語っている。

「先生が五円返してくださったんで、ずっと欲しかった聴診器を買ったんだ。布団よりこっちの方が役に立つからね。それとありがたいことに、奥様が私のために着物をこしらえてくださったんだ」

「そりゃあ瑞さん、病院で患者を診るのにいつものその恰好じゃあ、いくら何でもまずいよ」

「なるほど、そういうことだったのか。大事にしまっとこうと思ったけど、ありがたく着ていくことにするよ」

「実習の前の晩には、風呂にも入った方がいい」

「そうするよ」

順天堂医院で実習を済ませた瑞は、前期試験合格から二年後の明治二〇（一八八七）年三月、後期試験に合格。三四歳になっていた。

瑞は、まず佐藤進、志津夫妻に合格を報告した。そして、女医第三号として医籍登録をすると、あらためて志津を訪ね、開業資金の援助を頼んだ。ほかに、青木利八という高利貸からも援助を受けた。利八は、将来性があり、十分に回収が見込めると踏んだ人物には担保なしで大金を貸すことで有名だった。

明治二一（一八八八）年一月、瑞は日本橋区元大工町（現中央区八重洲一丁目）九番地に、「高橋医院」を開設。受付には近所の和菓子屋の娘を雇った。開業初日には、順天堂医院の医者たちが大勢祝いにやってきて近所の人たちを驚かせたが、これも志津の計らいだった。

「新米で、しかも女だというのに日本橋の真ん中で開業するとは」と危惧する声に対し、瑞はこう言った。

「商人というものは、ともかく金回りがいい。特に日本橋界隈の人気《じんき》は気前がいいとされてる。山の手のケチ臭い空気より、下町の商人相手の方がやりやすいに違いない」

瑞の目算は当たった。患者が次から次へとやってくるため、休診日は設けず、早朝から深夜まで診療を行った。開業から一カ月後、珍しく患者が途絶えると、瑞は受付の娘に留守を頼み、風呂敷包みを一つ抱えて医院を出た。行き先は、岡田美寿子が寄宿している湯島の産婆の家で、包みの中は借りていた医学書である。

しかし、「医者になってから返しに来てや。うちはずっとここにおるけん」と言っていた美寿子は、もうそこにはいなかった。師匠にあたる産婆に会うことができたので、美寿子の居場所を尋ねると「今どこに住んでるかは知らんが、去年できた何とかいう団体の幹事になってるはずだ」と言って、奥から一冊の雑誌を持ってきた。

「これを出してる団体だ」

産婆は、表紙に「婦人衛生会雑誌」と書かれた雑誌の最初のページを開いて見せた。そこには、「大日本婦人衛生会　幹事」とあり、荻野吟子や有名病院の看護婦らと並んで、岡田美寿子の名が載っている。同会は、富国強兵を目指す政府が、強い兵士を育てるためにはまず母体の改善が必要だという考えから、女性に対する衛生知識の普及を目的として組織したものだった。

「美寿子さんてば、いつの間にそんな立派になってたんだ」

「あたしも驚いたんだよ。勉強がしたいと言ってここを辞めて、桜井女学校へ入ったはずだ。その後、看護婦になったらしいな」

看護婦はまだ新しい職業で、桜井女学校（現女子学院中学校・高等学校）にはその養成所があった。

「ところであんたは誰」

「紅杏塾で一緒だった高橋といいます」

「ああ、もしかして医者の試験に通った高橋さんかい？」

「そうです」

「そうか、あんたが高橋さんか。美寿子は、あんたが医学校へ入学できたことを知って、我がことのように喜んでいたよ。それで自分もこうしちゃいられないって、ここを辞めたんだ。よくできる子だったから、あたしとしては痛手だったよ」

再会を楽しみにしていた瑞は、忙しさにかまけて足を運ばなかったことを悔やんだが、美寿子が新たな一歩を踏み出したことはうれしかった。美寿子やせい子と花見をした春から、五年が過ぎようとしていた。

済生学舎、その後

さて、瑞によって女にも開放された済生学舎は、その後どうなったのか――。

瑞の卒業から五年後にあたる明治二二（一八八九）年には、東京女子医大の創設者となる吉岡彌生が入学。相変わらず女子学生は少数派だったが、まだあどけなさの残る少女や、医者だった亡夫の跡を継ぐため郷里に子どもたちを置いてきた中年女性など、その年齢や立場はさまざまだった。

中には家事が忙しくて勉強に集中できず、一五年間在籍し、一三回目の受験でやっと医術開業試験に合格した主婦もいた。すでに女子の合格者も珍しくなっていたが、彼女の場合は、「女の一心、試験十三度」という見出しが新聞紙面を飾った。

また、ある軍医の娘は小学校修了程度の学力もなかったため、講義の内容がほとんど理解できず、ノートも平仮名と片仮名を混同しながら筆記していたが、それでも八年かかって合格率一割以下の難関を突破した。

彼女たちの身なりは、まるで瑞以来の伝統であるかのように一様に質素で、ほとんどが紺無地の着物に、冬は股引を穿き、髪はひっつめの束髪であった。

男子学生たちによる嫌がらせも相変わらずで、彌生は彼らに対抗するため、二〇人ほどの女子学生たちとともに「女医学生懇談会」を結成し、すでに医者となっていた荻野吟子や高橋瑞、本多銈子を訪ね、「特別顧問」を依頼した。ここから瑞と彌生の付き合いが始まる。

彌生は、三年半済生学舎に通い、明治二五（一八九二）年に医術開業試験に合格、二一歳で二七人目の公許女医となった。郷里の静岡へ帰り、開業医の父を手伝っていたが、三年ほどでドイツ留学を目指して再び上京。本郷にあったドイツ語塾「東京至誠学院」に入学する。これは、高橋瑞のドイツ留学の報に触れたことがきっかけだったが、結局ドイツ留学はせず、東京至誠学院の院長吉岡荒太と結婚し、学院の経営者となった。

東京至誠学院は、名前は立派だが実態は小規模の塾で、経営は苦しかった。しかし、だからこそ彌生の本領が発揮された。彌生は学院を経営しながら、新たに「東京至誠医院」を開き、医者としても働き始めたのである。

その三年後、明治三三（一九〇〇）年。高橋瑞の入学を許して以来、一六年にわたって継続的に女子学生を受け入れてきた済生学舎が、突如女子学生の入学を拒否。四カ月後には在学中の八〇人弱の女子学生たちが全員、強制的に退校させられてしまう。

当時はまだ、済生学舎や成医会講習所といった高等専門教育を行う私立学校についての法律が整備されていなかったため、文部省は統一的基準を設けようとしていた。その動きが明治三六（一九〇三）年に勅令六一号として発令される専門学校令につながるのだが、専門学校へ昇格するためには、男子学生だけの方が都合がよかったのである。

特に、日清戦争後の退廃的な風潮の中、男女間の問題が多発し、警察沙汰にまでなっていた済生学舎は、女子学生を切り捨てることが、専門学校昇格への近道だと考えた。瑞が通っていた時代には、女子学生を排斥しようとしていた男子学生たちだったが、その後十数年を経て、女子学生に交際を迫ったり、後を追い回したりするようになっていたのだ。

突然、済生学舎を追い出された女子学生たちは困惑したが、すぐに対策を練り、実行に移す。前期試験準備中の女子学生たち数十名は水道橋にあった歯科医学校の校舎を、後期試験準備中の学生たちは本郷中央会堂をそれぞれ借り、教師を招いて勉強を続けた。

彼女たちの窮状を見て、吉岡彌生は女子のための医学校設立を決心する。東京至誠医院の一隅を教室とし、夫の荒太とともに「東京女医学校」の看板を掲げた。これが今日の東京女子医科大学の始まりである。

最初こそ苦労したものの、彌生の前向きな性格と、それが引き寄せたかのような強運、夫婦の協力態勢などにより、東京女医学校は順調に発展していく。彌生は学生たちの勉強のためにと自身の出産を見学させたり、解剖実習のため犬や猫の死骸を拾ってきたりと奔走した。ほどなく近所で「女医学校の生徒を見たら、犬も猫もつないでおけ」と言われるようになったという。

東京女医学校の誕生が、医者を目指す女たちにどれほどの安心感を与えたかは、計り知れない。荻野吟子が石黒忠悳の知遇を得て、やっとの思いで好寿院に入学してから二一年、高橋瑞が済生学舎への入学を果たしてから一六年が経っていた。

専門学校昇格を念頭に女子学生の締め出しを行った済生学舎だが、明治三六（一九〇三）年三月に専門学校令が発布された際、長谷川泰は申請を行わなかった。それどころか、五カ月後の八月三〇日の新聞紙上で「医学専門学校として今後維持すべき必要なし、（中略）よって本月三一日限り断然廃校す」と翌日の廃校を宣言したのである。

在籍中の約七〇〇人の学生たち、さらには教員たちですら、この新聞広告によって初めて廃校を知ったという。当の泰は、廃校宣言と同時に故郷新潟の寺に籠ってしまった。

そもそも政府と東大医学部は、以前から御しがたかった済生学舎を専門学校に昇格させたくなかった。特に東大医学部の顔で、陸軍軍医の長に続く道をひた走っていた森鷗外は、済生学舎を毛嫌いしており、自身が主宰していた『医事新論』誌上で済生学舎の欠点を挙げ、改めなければ「夷滅《いめつ》せしむ」とまで揚言していた。

長谷川泰は「廃校宣言」において、「この時に当たってなお、私立の医学校を当局者に低頭しても持続せんとする馬鹿ありや（中略）、この政府の下に於いてなお私立医学校を維持せんとするは余のいさぎよしとせざる所なり」と述べている。

済生学舎の廃校は、西洋医を急ぎ養成しなければならなかった明治初期には私立医学校に大いに頼りながら、官立医学校が充実してくると今度は私立医学校を統制下に置こうとする政府への、泰の反骨の表れにほかならなかった。

その反骨精神を讃える声もあったが、放り出された学生たちはたまらない。済生学舎の元教師たちを招いて「医学講習会」を組織する者たちもいた。それが今日の日本医科大学につながる。高木兼寛の成医会講習所から発展した東京慈恵医院医学校は、専門学校への申請後、わずか数週間で認可が下り、最初の私立医学専門学校となるが、ここでも済生学舎の学生たちを受け入れた。

明治九（一八七六）年に創設され、自由な校風で湯島に「学舎租界」を作り出した済生学舎は、二八年間の開校期間に約二万一四〇〇人の学生を受け入れ、約九六〇〇人の医師を輩出し、その歴史に幕を下ろした。

第四章　新天地へ

日本橋区元大工町で始まった高橋瑞の開業医生活は順調だった。急患第一、診察は懇切丁寧を極め、特に子どもの患者を大切にした。治療費は持てる者からは受け取り、持たざる者からは受け取らなかった。まだ開業時の借金の返済も終わっていない時点で、乳児院に寄付も行っている。

瑞は男物の羽織と袴を身に着けて診療した。往診時に、男性の間で流行していた海獺《らっこ》の毛皮の帽子を被り、男性用の和装コートである「二重回し」を着て俥で疾駆する姿は人目を引き、「日本橋名物、男装の女医」と呼ばれるようになる。

しかし瑞は、この順調な生活を自ら中断し、開業から二年後、ドイツへと旅立ってしまうのである。渡独の動機が、最先端の医学を学びたいという向学心であったことは間違いない。しかし、瑞を決断させた直接のきっかけは、巡査との揉め事であった。もちろん、済生学舎への通学時に尋問してきたあの巡査ではない。

ある日、たまたま高橋医院の前を通った巡査が、玄関の引き戸が閉まらないほど患者たちの下駄があふれている様子に興味を引かれ、中を覗いた。そこには、診察を待つ多数の老若男女がいた。

「この医院はずいぶんと流行っているのだな」

「当ったりめえよ。男装の女医、高橋瑞先生を知らないとは、おまわりさん、あんた新顔だね」

魚河岸の兄いの利いた軽口に腹を立てた巡査は、「なんだと？　女の医者がこんなに流行るわけがない」と言うなり上がり込み、弟子たちの制止を払いのけ、診察室に乗り込んだ。

瑞は咄嗟に立ち上がり、診察中の患者を守るように立ちはだかった。女医と聞き、すでに著名となっていた荻野吟子のような華奢な女を想像していた巡査は、断髪に男装の瑞に一瞬面食らったが、「おまえは本当に医者なのか。開業免許状を見せろ」と迫った。

「医者です。免許状もお見せしますよ。この患者さんの診察が終わるまで、そっちで待っててください」

しかし、巡査は言うことを聞かず、「今すぐ見せろ」「ちょっと待っててください」

「今すぐ持っていないのだろう」「持ってます」「では見せろ」「待っててください」「今すぐだ！」と言い争いになった。

開業免許状は机の抽斗に入っており、出そうと思えばすぐに出せたが、瑞は巡査の横暴に屈したくなかった。巡査は瑞の強情が許せず、サーベルに手をかけ威嚇した。これには患者や弟子も驚き、診察室から逃げ出していった。それでも瑞が免許状を見せようとしないので、巡査はサーベルを鞘から引き抜くと、木製の机に振り下ろし、「おまえのような怪《け》しからんヤツは、あらためて取り調べる必要がある！」と叫んだ。そして、机に食い込んだサーベルを苦労して引き抜くと、「また来るぞ」と息巻きながら、帰っていった。巡査のサーベル使用については、現在の拳銃の使用並みに厳しい制限が設けられていたので、この巡査の振る舞いは常軌を逸していたといえる。瑞を女と見ての狼藉だった。

医者となってからも、もっと産婦人科学を極めたいと思い続けていた瑞だったが、女には大学で研究する道が閉ざされていたため、外国へ行くしか方法がなかった。しかし私費留学には莫大な費用が必要となる。半分諦めかけていたのだが、この事件が背中を押した。留学して研鑽を積めば、女医であるということで見下されることもなくなるだろう。瑞は決意した。

留学について、まず佐藤志津に相談したところ、志津の弟がアメリカに留学中であり、そこへ合流するのであれば資金はほとんど掛からないという。しかし、志津の義弟で順天堂医院副院長の佐藤佐《たすく》から、「どうせ行くなら医学の本場、ドイツへ行ってはどうだ」と進められ、行き先をドイツに決めた。佐自身、ドイツに留学経験があったが、かの地の大学が女子を受け入れていないことは知らなかったのだ。

当時外国留学といえば、一部の優秀な男子学生や官僚、研究者が官費で行くのが一般的であり、瑞のような中年女が私費で留学するなどということは例外中の例外だった。

健康面や金銭面から瑞の留学に反対する者も多く、紅杏塾の塾頭桜井郁二郎は、わざわざ瑞を訪ね、こう説得した。

「これから借金をしてドイツへ行ってみたところで、苦労ばかり多くて得るところは少ない。身体も弱いし、第一言葉がわからぬではないか。帰国してからも借金の返済に骨を折らねばならぬ。今のままでいる方がよい」

しかし瑞は、「死んでもいいから行きたい」と言い張った。

一見頑健に見える瑞だが、幼時以来の喘息が年とともに悪化しており、医者になってからはモルヒネを使って発作を抑えていた。また、医院は繁盛していたものの、郁二郎の言うように借金をしなければ、莫大な留学費用は賄えない。しかし「死んでもいいから行きたい」と願う瑞にとって、借金など問題ではなく、開業時と同様、高利貸の青木利八に融通してもらうことにした。

その頃、瑞がかつて世話になった前橋の産婆津久井磯子の孫、利行が東大に通っており、瑞は磯子から、東京での後見人を頼まれていた。利行はドイツ語を得意としていたので、彼からドイツ語を教わった。

下宿の主人マリー

こうして瑞は、ベルリン大学が女子学生を受け入れていないことなど露知らず、自分なりに着々と準備を整え、明治二三（一八九〇）年四月一七日、横浜港から旅立ったのである。

途中、予期せぬ四等船室での長旅を強いられたものの、何とか無事にベルリンにたどり着いた瑞は、公使館で大学に程近い下宿を紹介された。

「この下宿をやっているマリーさんという人は、『ニッポンおばさん』と呼ばれるくらいの日本人好きで、日本人留学生がたくさん世話になってる。あんたにもきっとよくしてくれるだろう」

「ありがとう。大学に近くて助かります」

公使館員たちは、足早に去っていく瑞の後ろ姿を見送りながら、「ベルリン大学はいつから女も入れるようになったんだ？」「さあ」「留学生は特別なんだろう」「そりゃそうだ。入れないのに日本から遥々やってくるわけがない」と言葉を交わした。

瑞は石畳を心地よく踏みながら通りを進んだ。身長一四五センチメートルで中肉の瑞は、明治の日本人女性としては平均的な体型だったが、ベルリンの街なかでは一際小柄で、見慣れない和服姿も手伝って道行くドイツ人たちの目を引いた。

レンガ造りの瀟洒《しょうしゃ》な館に到着すると、色白の細面に老眼鏡を載せたマリー・フォン・ラーガーシュトレームが、歓迎の言葉と思われるドイツ語をまくしたてながら、出迎えてくれた。老眼鏡がなければ、とても六九歳には見えないほど若々しい。

マリーは貴族の出身で、かつては夫と暮らしていたが、その後離別。無為な日々を送っていたところ、知人から日本人留学生の世話を頼まれ、三人の男子学生を自宅に引き取った。いずれも政府が派遣した優秀な学生で、品行方正であったため、マリーはすっかり日本人を気に入ってしまう。そして日々の生活に張り合いができたことで彼らに感謝し、「ニッポンの子どもたち」と呼んで大事にした。

まだ日本が元号を明治と改めたばかりの頃で、周囲の人々は「未開の国」の学生たちの世話を焼くマリーのことを不思議がった。マリーはその後も毎年複数の日本人留学生を受け入れ、のちに出世した彼らによって、ヨーロッパにおいて「日本人を善解した先覚者、友愛した最初の一人」（『東京朝日新聞』）と紹介されることになる。

瑞が訪れたときは、マリーが下宿を始めてからすでに二〇年が経過していたが、女の留学生は瑞が初めてであり、マリーは少なからず浮き足立っていた。書物や男子留学生たちから得た日本人女性のイメージは非常に繊細で、特別の待遇が必要だと感じていた。

しかし、目の前に現れたのは、そのイメージとは程遠い、髪も着物も埃まみれの中年女だった。マリーは呆気にとられながらも、まずは座って休むようにと勧めたが、瑞は部屋に荷物を置くと、すぐに就学の手続きをするためベルリン大学へ向かった。

実のところ瑞は、マリーに自分の名前を告げ、型どおりの挨拶をするのがやっとで、マリーの話すドイツ語は一切聞き取ることができなかったのだ。

「今のは一体どこの国の言葉なんだ。あの人はドイツ人じゃないんだろうか」

瑞は通りを歩きながら独りごちた。数分で大学の事務所に到着すると、ここでも一切のドイツ語を聞き取ることができないまま、門前払いを食う。

仕方なく下宿へ戻ると、「日本から女医がきた」と聞きつけた留学生たちが数人、玄関ホールで待ち伏せていた。しかし、彼らは瑞の姿を見とめるとあからさまに失望し、部屋へと戻っていった。瑞が大学医学部で門前払いを食ったことをマリーに身振り手振りで伝えていると、一人その場に残っていた留学生、田中正平が口を挟んだ。

「ベルリン大学に女は入れないよ。外国人なら尚更だ。あんた、そんなことも知らずに日本からやって来たのか」

正平は瑞の身に起きたことをドイツ語でマリーに伝えると、瑞を一瞥してから自分の部屋へ戻っていった。医学の先進国ドイツが、女子医学生を拒否するとは予想だにしていなかった瑞は、愕然とする。

医学を学ぶため身一つで日本からやってきた女医の噂は、公使館経由で方々へ伝わり、ちょうどその頃ドイツに滞在していた北里柴三郎が、ウィーンの大学で学べるように便宜を図ろうとしてくれた。しかし瑞はベルリン大学にこだわった。この年、北里柴三郎は破傷風菌抗毒素を発見して世界的な注目を浴び、さらに血清療法をジフテリアに応用し、その論文でのちにノーベル賞候補となる。

遥々ベルリンまでやってきたというのに大学に受け入れてもらえず、瑞は部屋に閉じ籠り、食事も取らずに悶々としていた。窓からは、瑞が学ぶつもりでいたベルリン大学医学部附属の婦人科クリニックが見える。

「いっそあそこで首を吊ってやろうか。そうすりゃ、あとに続く女たちに、道が拓けるかもしれない」

　尋常ではない様子に、マリーの世話焼きの血が騒いだ。彼女は、瑞を連れてベルリン大学医学部の教授で産科学の権威、ローベルト・ミヒャエリス・フォン・オルスハウゼンと、その同僚アウグスト・エドゥアルト・マルティンを訪ねた。長く大学の近くで下宿を営んできたマリーは、オルスハウゼンとは顔見知りである。マリーは二人に瑞の聴講を懇願し、瑞は後ろで頭を下げ続けた。

　教授たちのけんもほろろな態度に、このままでは埒があかないと考えたマリーは、それまでの柔らかな口調から一転、毅然としてこう言い放った。

「このままではこの方は本当に首を吊るでしょう。食事も取らないので、その前に餓死するかもしれません。あなた方は日本から遥々海を越えてやってきた尊敬すべき女医さんを見殺しにするおつもりですか？　もしそんなことになったら、ドイツは日本のみならず、全世界に対して申し訳が立ちませんよ！」

　瑞は言葉こそ理解できなかったが、教授たちがたじろいだのを見て、ここぞとばかりに片言のドイツ語と身振り手振りで聴講させてほしいと訴えた。すると彼らは後ろを向いてしばらく相談してから、その内容をマリーに伝えた。マリーはすぐにそれを瑞に伝えようとしたが、彼女にはドイツ語が通じないことに気づき、いったん下宿へ帰ると田中正平を呼び、通訳するようにと命じた。

教授たちの提案は、しばらくの間マルティンが開業している婦人科医院で実地研修を積み、ドイツ語が理解できるようになってから、ベルリン大学で「客分」として聴講するというものであった。すぐにではないが、いずれベルリン大学で聴講できると知った瑞は、「ダンケシェーン！」と叫びながらマリーに抱きついた。

しかしその様子をそばで見ていた正平は、日本から突然やってきた中年女が短期間でドイツ語を修得できるとは思えず、教授たちの提案は体のよい厄介払いに違いないと感じた。彼には、瑞が日本で医者をやっていたということも信じがたかった。正平が日本にいた頃は、まだ公許女医がいなかったということもあるが、瑞の風貌が正平の考える女医の像とは程遠かったからである。

正平は、マリーの下宿で暮らす日本人留学生たちの中で、最古参だった。東大理学部物理学科を首席で卒業した彼は、六年前に官費留学生として森鷗外らとともに渡独。ベルリン大学のヘルマン・フォン・ヘルムホルツのもとで、音響学と電磁気学の研究に没頭した。留学生仲間が一人また一人と日本へ帰国するなか、「純正調オルガン」

の発明に取り組み、やっと完成に至ったところだった。

　正平はのちに、皇帝ヴィルヘルム二世臨席の演奏会で自らが設計した「純正調パイプオルガン」を弾き、その音色に感動した皇帝から「この楽器は今世紀最大の発明の一つで、画期的なものである」と絶賛されることになる。さらに一〇年後、首相としてドイツを訪れた伊藤博文は、ヴィルヘルム二世に謁見した際「田中正平はどうしているか」と訊かれ、彼を知らないため答えられずにいると、「田中は音楽の分野で傑出した天才だ。知らぬのか」と言われ、赤面することになる。

喀血、帰国の途につく

　正平の予想を裏切り、瑞のドイツ語は短期間ですこぶる上達した。昼間、マルティンの婦人科医院での研修中はドイツ語しか使えず、下宿では専らマリーと会話するのみ。さらに夜も遅くまで語学に励んだ結果だった。

　瑞が下宿で日本人留学生たちと会話する機会が少なかったのは、彼らが皆、田中正平同様、日本から突然やってきた自称医者の中年女を胡散臭く感じ、距離を置いたためである。しかし瑞は意に介さず、語学でわからないことがあると部屋を出て食堂へ行き、誰彼かまわず質問した。

瑞は一見がさつだったが、料理や裁縫に長けていたため、ときどき留学生たちのために和食をこしらえたり、彼らの洋服を繕ったりした。その手際の良さは彼らが目を見張るほどだった。数カ月もすると彼らは瑞を母親のように慕うようになる。

瑞がオルスハウゼンからベルリン大学での聴講を許されると、マリーと留学生たちから通学用のドレスがプレゼントされた。瑞は日本を発ったときからほとんど着の身着のままで、マルティンの医院にいる間だけ看護衣を借りていた。喜んだ瑞は、マリーにせがんで写真館へ行き、ドレスを着て二人で記念写真を撮っている。

ベルリン大学医学部での聴講初日、瑞はもったいないと言ってドレスをしまい込み、日本から着てきた紋付羽織袴に身を包んで出かけた。教室に入ると、「客分」として迎えられた瑞のため、教壇の脇に学生たちと向かい合う形で机と椅子が用意されていた。傍から見れば、全学生の視線を浴び、緊張のあまり逃げ出したくなるような場所である。それこそ田中正平が感じた「体のよい厄介払い」のための方策だったかもしれない。しかしこれは逆効果で、瑞はこの特別待遇を「一番前で先生の話が聞けるなんて、ありがたいことだ」と喜んだ。

専門用語を聞き取るため、瑞は毎日明け方まで勉強した。当初はいきなり学ばせてほしいと押しかけてきた瑞を迷惑に感じたオルスハウゼンやマルティンも、瑞の熱意に感じ入ったか、あるいは異国からやってきた中年女に同情したものか、親切に指導してくれた。

吉岡彌生は、瑞のドイツ留学についてこう評している。

「聴講生にすぎなかったにせよ、当時ドイツの婦人でさえはいれなかったベルリン大学に入学を許された高橋さんは、日本の婦人として、オリンピック以上の輝かしい国際記録をつくったということになるかも知れません」（『吉岡弥生伝』）

嬉々として大学に通っていた瑞だったが、夜通しの勉強がたたり、渡独から一年後、下宿で喀血した。もともと喘息持ちの瑞の呼吸器が悲鳴を上げたのだ。

医学部の教授たちが代わる代わる診察し、「かなり悪い。日本へ帰そうにも途中で駄目だろう」とマリーに伝えた。

マリーと下宿の留学生たちは、志半ばで客死する瑞のことが不憫でならず、せめて少しでも日本に近い場所で死なせてやろうと話し合い、帰国の段取りをつけた。状況を察し、「インド洋辺りで水葬されるかもしれない」と覚悟した瑞は、大切にしまい込んでいたプレゼントのドレスを身に着けて乗船した。その姿を見て、瑞に心を許しながらも最後までつっけんどんな態度で接していた田中正平までもが涙を流した。ところが、何が幸いしたのか瑞の病状は船上で嘘のように回復し、日本に到着したときにはすっかり治っていたのである。

日本橋の医院を再開した瑞は、待合室の壁にオルスハウゼンやマルティンらとともに撮った写真を仰々しく飾った。ドイツ帰りということで箔がつき、高橋医院はますます繁盛した。

瑞とマリー・フォン・ラーガーシュトレームとの文通は終生、絶えることがなかった。マリーの下宿には日本人留学生が常に何人もいたので、瑞は彼らがドイツ語に訳すことを期待し、いつも日本語で手紙を書いた。

マリーの古希の誕生日に、日本人留学生たちが主催した祝賀会へも祝文を送っているが、その最後に「お前様もご逝去されてしまえば、到底財産は冥土までご持参できません。今のうちに出来る限り日本人留学生のためにお使いください」（『日本女医五十年史』より口語訳）と率直を通り越してかなり厚かましい要望を書いている。この祝文を訳し読み上げた留学生は、自分の訳が間違っているのではないかと疑ったという。

吟子の再婚

高橋瑞がドイツへ渡った明治二三（一八九〇年）年に、荻野吟子は一三歳年下のキリスト教伝道師志方之善《ゆきよし》と結婚している。

吟子は、医術開業試験の前期試験に合格した直後、東京女子師範学校時代からの友人、古市静子に誘われ、京橋新富座で開かれたキリスト教大演説会に出かけた。自由民権運動が盛んだった当時、政治家による演説会はもちろん、宗教関係者や医療関係者による演説会も頻繁に行われ、一種の娯楽として人気を集めていた。

キリスト教大演説会の荘厳な雰囲気に感動した吟子は、たちまちキリスト教に心を奪われ、聖書に親しむようになる。文字が小さく目が疲れるため、大きめの文字ですべて筆写するという熱の入れようだった。

吟子は、「人その友の為に己の命をすつる、之より大いなる愛はなし」（ヨハネ伝第一五章一三節）という聖書の一節を愛唱した。性病に苦しむ女たちを救いたいという一心で医者を志し、静子から森有礼に捨てられたと聞けば抗議に走り、のちには社会活動を通して広く女性全般を救おうとした吟子に相応しい一節である。そもそも吟子の気質とキリスト教の教えは親和性があったのだ。

明治一八（一八八五）年三月に後期試験に合格した吟子は、二カ月後に本郷区湯島三組町（現文京区湯島）に「産婦人科荻野医院」を開いた。歓楽街に近いというのが、この場所を選んだ理由である。性病に苦しみながらも男性医師に診せることを恥じ、症状を悪化させてしまう女たちを救うために医者を志した吟子にとって、開業地は重要だった。予想通り多くの女性患者が女医である吟子のもとを訪れるようになる。この多忙な時期に、吟子は本郷教会の牧師、海老名弾正《だんじょう》から洗礼を受けた。

吟子が受洗した明治一九（一八八六）年は、アメリカの禁酒運動家メアリー・レビットが来日した年であり、これを機に矢嶋楫子《かじこ》が東京キリスト教婦人矯風会を設立している。吟子は当初から矯風会の活動に参加し、風俗部長として禁酒運動、廃娼運動、婦人参政権運動に積極的に関わっていった。

クリスチャンになったことで吟子に訪れた転機のなかで、最も大きかったのが、志方之善との出会いである。

之善は同志社神学校の学生で、校長の新島襄を尊崇し、毎年夏季休暇には、同じく襄の門下で先輩にあたる大久保慎次郎とともに、各地を伝道して歩いていた。明治二二（一八八九）年、新島襄が病に倒れると、療養中の大磯の旅館に駆けつけて看病にあたったが、翌年一月、襄が亡くなると落胆し、卒業目前に同志社を退学してしまう。

その年の夏、伝道を手伝うため埼玉の秩父へ向かっていた之善は、途中、慎次郎の紹介ですでに知り合いとなっていた吟子の家に一泊した。当時、吟子の自宅兼医院は湯島から下谷に移り、女子医学生たちが寄宿していた。之善は、吟子や学生たちに囲まれて賑やかな時間を過ごす。

伝道師である之善から聖書について教わることを楽しみにしていた吟子は、夕食が済むと茶菓を用意し、彼を自分の部屋に招いた。最初は純粋に聖書の教えについて語り合っていた二人だが、そこから男女の平等性の話になり、理想主義的フェミニストの之善が、女権論や結婚観について持論を展開した。

夫からうつされた性病がもとで離縁され、医者を志してからは女であるがゆえに行く手を阻まれてきた吟子にとって、之善の話は耳に心地よく響く。吟子自身、矯風会と関わる中で、女性の人権や社会進出について考えるようになっていたが、それでも之善の話は十分に新鮮だった。男性全般に不信感を抱いてきた吟子には、之善の存在自体が奇跡に思えるのだった。

一方之善は、公許女医第一号としてのみならず、才色兼備の象徴として有名な吟子に、もともと関心を持っていた。その吟子が自分に好意を向けてくれていることが誇らしく、うれしかった。

翌日、之善は秩父へと発つ。特に約束はせずとも、二人は近いうちに再会することを確信していたが、よもや年内に結婚することになろうとは思っていなかった。

之善は伝道中、同志社の学友丸山伝太郎に手紙を送っているが、その中で吟子に触れ、「君がもし彼女に自分との結婚を勧めてくれたならば、彼女はきっと承諾するだろう」と書いた。運命を伝太郎に託すような気持ちだった。果たして伝太郎は、吟子に之善との結婚を勧める手紙を出す。すると吟子からの返事には、「自分のようなものでも、あの人の役に立てるのであれば、喜んで仕事を手伝いたい」とあった。

のちに伝太郎はこの一件について、「や丶意外の感もあり、少しいたづらが過ぎたやうな気持があとでした」（『日本女医五十年史』）と語っている。つまり伝太郎は自分が関わっておきながら、二人の結婚を素直に祝福する気持ちにはなれなかったのだ。これは伝太郎に限ったことではなかった。

「吟子は医師としての地盤も出来、社会的にも認められて得意時代の高潮に達した折も折、突如として無名の一青年伝道師志方之善と結婚して、世間を啞然たらしめた」（同右）というのが吟子の結婚に対する一般的な見方であった。当時は、社会的地位のある女が一回り以上も離れた若い男と結婚することは、醜聞以外の何物でもなかったのだ。

吟子は結婚の二年前、政府の肝煎りで創設された大日本婦人衛生会の幹事に就任している。また、之善と結婚した年は、初の帝国議会が開かれた年だが、これに先んじて制定された「集会及政社法」に「女子の議会傍聴を禁じる」とあったため、吟子は他の婦人矯風会会員らとともに、その撤回を求める陳情書を政府に提出し、認めさせている。公許女医第一号の荻野吟子が女権拡張の指導者として期待された瞬間であったが、之善との結婚はこの翌月であり、その点でも「世間を啞然たらしめた」のである。

二人は結婚式の仲人を大久保慎次郎夫妻に頼んだが、断られた。吟子の人物が優れているため之善とは釣り合わず、年齢差もあって幸せにはなれないだろうというのがその理由である。また、吟子に授洗した海老名弾正までもが結婚に反対したため、二人は敬虔なクリスチャンであるにもかかわらず、教会で式を挙げることができなかった。

吟子は医院を畳み、之善とともに彼の郷里、熊本県の山鹿に居を構える。吟子はそこで新たに開業し、之善は伝道に励むつもりだった。しかし、地元の女たちの抑圧された状況に我慢ならなかった吟子が、彼女たちを集めて勉強会を開こうとしたことから、有力者たちの反感を買い、東京へ戻らざるをえなくなった。

その後の之善は、北海道の原野を開拓してクリスチャンが暮らす理想郷を建設するという夢に大きく傾いていく。

吟子と之善が結婚した明治二三（一八九〇）年は、教育勅語が発布された年であり、それまでの欧化主義に代わって国粋主義が台頭してきた時代でもあった。クリスチャンにとって逆風が吹くなか、北海道の原野を切り開き、クリスチャンによる理想郷「インマヌエル」を建設しようという者が現れる。之善もその一人だった。「インマヌエル」とは、「神はわれらとともに」を意味するヘブライ語である。

その頃、之善の同郷の先輩にあたる自由民権運動家の田中賢道《けんどう》が、犬養毅、尾崎行雄らとともに北海道庁から渡島半島の広大な原野を借り受け、開墾者を募っていた。

之善はここにインマヌエルを建設しようと考え、結婚から半年後の明治二四（一八九一）年五月、友人丸山伝太郎の一七歳になる弟とともに北海道へ渡る。二人は丸木舟で川を上って現地に到着すると、人の手がまったく入っていない原生林の中に小屋を張った。ゼロからの出発であった。

之善がインマヌエル建設のため北海道に拠点を構えると、吟子もあとから渡道することを決意し、麹町の明治女学校で教師や校医を務めながら、之善とその仲間たちに資金を送り続けた。

しかし現実は厳しかった。之善たちの入植後、別のクリスチャンの一行が加わり村落ができたが、理想郷の建設どころか日々の生活にも困難をきたし、脱落者が続出する。周囲は見渡す限りの原生林で、まず藪蚊や野鼠などと戦わなければならず、最低限の食料を手に入れるために、一番近い町まで三日かけて歩かなければならなかった。

当時、北海道開拓は国家的事業であり、おもに東北、北陸、四国地方から毎年数万人が移住していた。村落単位で移住するなどもともと地縁的なつながりのある集団は、祭礼や習慣もそのまま移行することができたので統率がとりやすかったが、インマヌエルの人々は違った。キリスト教という共通の信仰はあったものの、会派が異なると礼拝形式も異なり、信者間に軋轢が生じることもあった。農業経験のある者が少なかったうえに、洪水や霜害に見舞われて開拓はなかなか進まず、吟子が渡道できる状態になるまで三年の歳月を要した。

荻江との邂逅

北海道へ発つ前日、吟子は東京女子師範学校に松本荻江を訪ねている。荻江は地方の女子師範学校の教壇にも立つなど、教師として実績を積んでいた。吟子の影響で受洗し、クリスチャンとなったことから、吟子と之善の結婚に反対した大久保慎次郎とも親交があったため、吟子は結婚以来、荻江を避けていた。また、医者になるまで散々世話になったにもかかわらず、結婚後に医院を閉鎖したことで、後ろめたさも感じていた。

放課後の教室にいた荻江は、吟子の姿を見とめると、「吟子さん」と顔をほころばせた。五〇に手が届こうという荻江は白髪が増え、いくらか痩せたようだったが、以前と変わらず姿勢がよく、声にも張りがある。四年の無沙汰にもかかわらず、笑顔で迎えてくれた荻江に、吟子は申し訳ない気持ちになった。

吟子は簡単に近況を語り、明日北海道へ発つと告げた。

「そうですか。建設中のインマヌエルへ行かれるのですね。あちらはたいそう寒いと聞いています。くれぐれも体に気をつけてくださいさい。志方さんには私も何度か会ったことがありますが、実直な良い青年ですね。二人で協力すれば、どんな困難もきっと乗り越えられるはずです」

吟子は、荻江にひと言も相談せずに之善と結婚したことを後悔した。誰からも祝福されない結婚だったが、荻江だけはきっと自分を理解し、励ましてくれたに違いない。

荻江に対する罪悪感から、吟子はつい心にもないことを言った。

「この年で結婚するとなれば、子どものいるようなところへ行って苦労するのが必定です。それよりは志方と結婚する方が幾分かましだと思ったのです」

荻江は少しの沈黙のあとこう言った。

「吟子さん、そんなことを言うなんて、あなたらしくありませんよ。志方さんは女性が社会に出て活躍することを心から願っている稀有な男性です。そこを見抜いてのご結婚だったのでしょう？　あなたにとって彼は唯一無二の男性ですよ。そんな言い方はおやめなさい」

言葉はきついが、言い方は柔らかだった。吟子はもはや、荻江の目を見て話すことができず、窓の外に目をやり、話題を変えた。

「あんなに苦労して医者になったというのに、たったの五年で結婚して医院を畳みました。矯風会に入り、世の女たちのために力を尽くすつもりでしたが、気がつけば夫に従ってこの地を離れようとしています。私に一目置いてくれた方々も、荻野吟子もただの女だったと笑っています」

「たしかに吟子さんは、医者として立った期間は短かったですね。失礼ながら医者として十分に活躍したとは言いがたい。でも、あなたの真価は、一番目の女医となり、あとに続く者たちのために道筋をつけたというところにあるのです。その事実は、これから先も変わりませんよ。それに、インマヌエル建設のために北海道へ渡ることも、実にあなたらしいと感じます。あなたは若い時分から変わらず、自分の理想に従って忠実に進んでいく人なのです。女の患者を救うために医者を志し、その過程で味わった女であるがゆえの辛酸が、あなたを女性の地位向上のための社会活動へと向かわせたのでしょう？　そして、世間体など気にせず志方さんを伴侶に選び、今度は、クリスチャンとして理想郷の建設に携わろうとしている。世間が何と言おうと、あなたはそれでいいのです」

吟子は荻江の言葉がうれしく、込み上げてくるものを抑えることができなかった。荻江に涙を見せないようしばらくそのまま窓の外を見ていたが、来し方を振り返ったせいか、不意に生澤久野のことを思い出した。

「そういえば、以前止敬学舎に通っていらした生澤久野さん。あのあと開業試験に合格されたはずですが、その後どうされていますか」

「久野さんなら郷里で医者をやっていますよ」

「そうですか」

自分の方が年上だという気負いや、久野の恵まれた環境に対する嫉妬から、一方的に競争心を抱き、彼女より先に医者になりたいと願った。結局、自分は医院を畳み、久野は医者を続けている。

「吟子さんは、久野さんと話をしたことは？」

「あります。一度だけ」

吟子は、紅杏塾のお産の実習で一緒になったときのことを思い出した。産婦の苦しみに自分は思わず顔を背けたが、久野はしっかりと前を向いていた。あの時点ですでに自分は、久野に負けていたのかもしれない。そう自覚しても、不思議と気持ちは穏やかだった。

「もっとたくさん話をすればよかったです。恥ずかしながら意地を張っていました」

「またいつでも会えますよ。会って、医者になるまでの苦労話でもなさい。きっと意気投合しますよ」

そう言って荻江は笑った。吟子は荻江に会いにきてよかったと思った。二人は再会を約束したが、これが今生の別れとなる。松本荻江は吟子の渡道の五年後、五四歳でこの世を去った。死の直前まで、歌人下田歌子の実践女学校（現実践女子大学）創設を助けるなど、女子教育の普及に貢献した。

之善のいる北海道に渡った吟子は、当初はインマヌエルではなく、渡島半島の東岸にある国縫《くんぬい》に居を構え、その後内陸にあるインマヌエル（現今金町）へと移った。

この頃之善と吟子は、之善の姉シメの娘トミを養女に迎えている。シメ夫婦も開拓に参加していたが、厳しい環境にあって夫が病死し、このときシメが妊娠していたため、乳児だったトミを引き取ったのである。吟子は四六歳になっていた。

インマヌエルの建設は計画どおりに進まず、開拓開始から四年目には未開拓地を北海道庁に返還しなければならなくなった。また、明治三〇（一八九七）年には、土地を一般移住者にも開放しなければならなくなり、クリスチャンによる理想郷の建設という夢は挫折した。

その後、吟子はインマヌエルに程近い、渡島半島西岸の瀬棚町（現せたな町）に移る。医院を開業し、地元の女性たちと「淑徳婦人会」を結成して勉強会を開くなど、地域と積極的に関わりながら、一〇年以上を過ごした。

この間、之善は同志社に再入学し、今度は教会の牧師として北海道の地を踏むが、すぐに牧師を辞し、瀬棚町で吟子とトミと暮らしながら自給伝道を始める。しかしその生活も長くは続かなかった。明治三八（一九〇五）年九月、之善は病に倒れ、四一歳で帰らぬ人となる。吟子は之善の遺言に従い、遺骨をインマヌエルの丘に埋葬した。

之善が人生を賭けたクリスチャンによる理想郷の建設は実現しなかった。しかし彼らの精神はそこに根付いた人々によって語り継がれ、「神丘《かみおか》」という地名として残っている。

吟子について、年増女が若い男に入れあげ、辺境の地で無為な時間を過ごしたと書きたてる新聞や雑誌もあった。しかし、吟子にとって之善との出会いは、男性観のみならず人生観をも大きく変える出来事であり、インマヌエル建設の成功、失敗にかかわらず、ともに過ごした年月は掛け替えのない時間であった。

吟子は知人たちからの帰京の勧めに耳を貸さず、三年ほど瀬棚にとどまった。之善との思い出の地を離れがたかったということもあるが、東京に住む者からすれば辺境の地であっても、吟子にとっては住み慣れた土地だったのだ。

明治四一（一九〇八）年、五七歳になった吟子は、トミを連れて東京に戻る。本所区新小梅町（現墨田区向島）にこぢんまりとした医院を開業した吟子のもとへは、かつての知人らから社会活動や女性団体の名誉職への誘いがきたが、吟子は残りの人生を診療と信仰に捧げた。

吟子が帰京した年は、吉岡彌生の東京女医学校が、開校九年目にして初の医術開業試験合格者を出した年であり、その後、同校は順調に女医を輩出していく。その新しい女医たちと、かつて女医第一号として注目を浴びながらも、北海道にいた「空白の年月」のために平凡な一開業医となった吟子の対照を揶揄する声もあった。

娘のトミはそれが口惜しくてならなかった。

「北海道へ渡らなければ、お母様は今でも日本一の女のお医者様だったのに、まるで時代遅れのように言う人が私は嫌い」

「それだけ医学が進歩したのです。それに女の医者が増えることは、私の望むところですよ」

吟子は、渡道前に松本荻江が「あなたの真価は、一番目の女医となり、あとに続く者たちのために道筋をつけたというところにある」と言ってくれたことを懐かしく思い出していた。

第五章　お産で失われる命を救う

明治二五（一八九二）年五月、瑞はドイツからの帰国の報告を兼ね、新聞に医院の広告を掲載した。そこには「産科に限り貧窮者無償施療」の一文があった。これこそが瑞が医者になった一番の目的だったといってもよい。

当時、お産で命を落とすことは珍しくなく、女性の若年死亡のおもな原因が出産だった。現在の妊産婦死亡率は出産一〇万に対し約三だが、瑞が医者になった頃の妊産婦死亡率は出産一〇万に対し約四〇〇だった。

お産で危険な状況に陥った際に医者を呼ぶ習慣がなかったということもあるが、呼んだところで診療費を払えない家庭も少なくなかった。当時の平均分娩費用は、東京の中流家庭で約五円、貧困家庭で約五〇銭と、収入によってかなり差がある。多産が当たり前の時代にあって、貧困層ではお産のたびごとに金を費やすわけにはいかなかったのだ。そのため、いったん危険な状況に陥ると、呆気なく母子の命が失われた。

こうした母子を救うため、瑞は無償で産科の施療を行うことにしたのである。これは小さな一歩であったかもしれない。しかし、お産による死を運命として受け入れるしかなかった女たちや家族、そして社会に一石を投じ、お産への医療介入の必要性を知らしめる契機となった。

留学以後、瑞は特に産婦人科と小児科を専門分野とし、看板や広告にも記すようになる。産婆を経て医者となり、ベルリンで産婦人科学を専攻した瑞が産婦人科の看板を掲げるのは当然であり、取り上げた赤ん坊を診る延長線上に小児科があったが、その根幹には、郷里西尾で経験した姪美代の死があった。

瑞はときどき医学雑誌に論文を投稿したが、その中に「小児ノ疫咳ニ併発セル肺炎」についての論文がある。「疫咳」とは百日咳のことであり、これは長く瑞の中にわだかまっていた美代の死が書かせたものであった。早朝から深夜まで診療を行い、その合間に論文を書く生活は過酷ではあったが、食べ物さえなかった学生時代に比べれば楽なものだった。

苦学した時代の反動で、食に貪欲となった瑞は太った。歩くのが億劫となり往診には専ら俥を使うためますます太り、たまに歩くと息切れがする。煙草が喘息を悪化させ、発作を抑えるためのモルヒネの量も増えた。

しかし自分の健康など顧みる余裕もないほど、相変わらず町には病があふれ、人は呆気なく死んでいく。江戸時代と変わらず、天然痘、コレラ、赤痢、腸チフスといった死に至る感染症が蔓延しており、つい数日前まで元気に遊んでいた子どもが病気で命を落とすことも日常茶飯事であった。

天然痘を予防するため、瑞は乳児院で種痘の無償接種を行っている。致死率四割ともいわれた天然痘は、明治時代だけで六回の大流行を繰り返し、毎回数万人に及ぶ死者を出していた。

瑞が産科の無償施療や種痘無償接種を行ったのは、佐藤志津の影響が大きかった。医学生時代、順天堂医院での実習やその際の衣服、医院の開業資金まで、何くれとなく面倒を見てくれた志津にならい、瑞は医者としてできることをしたのである。

また恩師、津久井磯子にならって後進を育てることにも力を入れた。常に数人の医学生を寄宿させ、経済的な援助を惜しまなかった。吉岡彌生の同級生にあたる中原篷《とま》や、江間調《ちょう》といった女子医学生も、瑞のもとから済生学舎へ通っている。

中原篷は山口県で最初の女医となり、特に三隅町（現長門市）周辺では知らない者はいないというほどの著名人となった。篷の顕彰碑が、長門市の大寧寺にあるが、これは篷に憧れながら、試験が難しいため医者になることを諦めた女性が建立したものである。江間調も、高橋医院の受付を務めながらわずか二年で開業試験に合格し、名古屋で開業した。

女医亡国論と本多銓子

女医が増えるにつれ、「女医亡国論」つまり女医批判が医事雑誌を賑わせるようになっていた。端緒は、瑞の留学直前に『東京医事新誌』に掲載された「S・F」という人物による「本邦の女医」という記事である。「S・F」は、「女子に医学を研究せしむるや否やは重大の社会問題」であるとし、女医の「問題点」を三点挙げた。まず、妊娠出産によって診療ができなくなる期間、患者をどうするのか。次に、そもそも女は「解剖および生理上」医学を修める資質があるのか。そして「下宿屋の二階に男子生徒と寝食を共にする」ことで生じる「艶聞」つまりは性的放縦についてである。実際に下宿屋で男子学生と交流を持ったのは、高橋瑞くらいであり、その内容は花札や囲碁などの遊びだった。「艶聞」とは程遠い。

この記事に激しく反駁したのが、公許女医第四号の本多銓子である。

銓子は『東京医事新誌』の次の号で、妊娠出産期は弟子に指示して診療を行ったので特に問題はなかったと自身の経験に触れ、男の医者が病気をするのと同じだと述べた。瑞より一年遅れて開業試験に合格した銈子は、その翌年に結婚し、すでに妊娠出産を経験していた。

二点目については、男と女の異なる点は身体の大きさと骨盤の形、「一部の系統とその生理上の官能」のみで、「解剖生理上、大いなる違いはあらず」と反論し、女子医学生の性的放縦については真っ向から否定はしないものの、ほとんどの学生は「操正しく蛍雪の苦学をなし居る」と述べた。

銈子が結婚した相手は、林学博士でのちに日比谷公園、明治神宮などを設計したことから「公園の父」と呼ばれる本多静六だった。二人は結婚後、芝区新堀町（現港区芝）に居を構え、銈子はここで開業する。温厚な性格と丁寧な診療で評判となり、良心的な施療は「薬価は上中下三等に分かち、患者の分限により随意に納めしめ、往診は遠近にかかわらず車代を受けず、且つ貧困者には博く施療をなすよし」と新聞で報じられるほどであった。

当時は、薬価や診療報酬についての定めがなく、個々の医者の裁量に任されていたが、少なくとも当初の公許女医たちはいずれも診療報酬を低く設定しており、持てる者からは受け取り、持たざる者からは受け取らないという態度が徹底していた。したがって荻野吟子も生澤久野も患者は多かったが報酬は少なく、生活は最後まで質素だった。瑞は例外的に蓄財に成功していたが、転居の際の不動産売買によって副次的に生じた収入によるところが大きかった。

銈子は開業医として働くかたわら、出身の成医会講習所の校長高木兼寛が開いた東京慈恵医院の産婦人科で助手を務め、横浜のフェリス和英女学校の教壇にも立った。性格的に手抜きができないため必死だったが、それだけに仕事は完璧で、誰もが賞賛するほどだった。銈子は「S・F」の女医批判に腹を立てたというよりも、必死に努めているにもかかわらず、女医の存在を無残に否定されたことで、深く傷ついたのである。

女医批判に対し『女学雑誌』などが反論の投稿を掲載しているが、その内容として最も目立ったのが、「死すとも腰下の治療を乞わじと決心する」、つまり男の医者に診せることを恥じる女性患者のためにも女医は必要だという意見だった。まさにそうした女性患者のために医者になったと公言する荻野吟子も、反論の陣営に立った。

吟子は、医術開業試験の成績が男子より優る女子が少なくないことを挙げて男女の資質や能力に差はないとし、日清戦争開戦前夜という時期に鑑み、「女医と国家の関係」についても言及した。

「長袖安居して、患者の気息を窺う如きは、堂々たる日本男児の、深く恥じるところ」で「日本男児の腕試しは、万国至るところその戦場」にある。国内の職業はできるだけ女に任せるべきであり、「医のごときはもっともその中の急なるものなり。男子は宜しく去って、雄壮偉大なる皇国人の希望を満たすに足る大目的に着手せよ」(『女学雑誌』)

前近代において医者は、病人や怪我人を相手とする「不潔で卑しい」職業と見なされており、明治時代になってもそうした印象をぬぐいきれずにいた。吟子はナショナリズムの高まりを背景に、医業のような「賤業」は女に任せて、男は戦場へ行けと主張したのである。

以後、日清戦争、日露戦争、第一次世界大戦と対外戦争が連続する時代の中で、女医擁護派は女医の国家への貢献を強調することにより、その存在を認めさせようとした。それは、昭和のアジア太平洋戦争期に女医界のリーダーとなった吉岡彌生において最も顕著に表れた。

東京女医学校を東京女子医学専門学校に昇格させ、日本女医会の会長となった彌生は、会誌である『日本女医会雑誌』に、「現在、壮年の男子は殆んど応召し、或は軍属となつて前線にあり、銃後の保健衛生はかかつて女医の手にある状態である。従つて女医の活動は益々要望されて居るのであるが、この際特に望む事は、医師会の組織の中に女医をも進出せしめ現実に一役買はせてほしい事である」と意見を述べている。

この時期、実際に女医たちは銃後を意識した積極的な医療活動を行っており、その「論功行賞」として、彌生は第一次近衛文麿内閣のもとで国民精神総動員中央連盟理事に、同政府委員には東京女医学校の最初の卒業生で「二代目吉岡」と評された竹内茂代が任命されている。女医に限らず、女たちは銃後で活躍することによって発言権を増し、権利を拡張してきたのである。

この二人の抜擢に対し多くの女医たちが特別な感慨を抱き、たとえばある者は、「急に楽しい世の中が眼の前に開けてくるやうなよろこびを味はされた。婦人が国の高位にある男子に伍して特定の地位に着くといふやうなことは全くすばらしい事実なのである」(『日本女医会雑誌』)と述べているが、これには過去のある出来事が関係していた。

彌生は女医学校を設立後、なかなか医術開業試験の合格者を出すことができず、苦しんでいた。合格者が出なければ学生が集まらず、学校の存続が危うくなる。だからこそ明治四一(一九〇八)年に竹内茂代が合格すると、女医学校の存在を社会に知らしめるべく盛大な卒業式を催した。卒業生一人に対し、来賓として早稲田大学総長大隈重信や、文部省の高官、東大医学部の教授など錚々たる顔ぶれを招くという熱の入れようであった。しかし、招かれざる客も多数押しかけていた。

式は粛々と進み、来賓たちが女医の登場や女性の社会進出を歓迎する旨の祝辞を述べ終わると、突然五、六人の男たちが壇上に駆け上がり、口々に大きな声で叫び出したのである。

「女に高等教育は不要だ！　行かず後家が増えて、国が滅ぶぞ！」

「おなごは医者に向かん！　月の穢れで手術室が冒されてしまうぞ！」

「女は子を孕んだら医者をやめるが！　そんなやつに命を預けられるか！」

男たちは、かねてから『東京医事新誌』や『医海時報』などの誌上で女医批判を繰り返してきた医者や、彼らを支持する雑誌記者や新聞記者たちだった。

彼らに抗議する来賓もいれば、同調して騒ぎ立てる招待客もおり、会場は騒然となった。彌生が身の危険を感じ、茂代を庇うようにして会場を出ようとしたそのとき、コン、コンという甲高い音が響き渡った。一同がその方向を見ると、来賓席に座った大隈重信が、杖で床を鳴らしている。会場は一瞬にして静まり返った。重信は外務大臣時代に爆弾テロに遭い、以来義足と杖を使用していたが、七〇歳を過ぎても矍鑠《かくしゃく》としていた。

重信は椅子から立ち上がると、ゆっくりと進んで壇上に上がり、皆が見守る中、「諸君！」と声を発した。

「女子が教育を受けることや、女子が医者に向くか否かについて論争しているようだが、かりに明日の朝まで続けたところで答えは出まい。一〇年ないし一五年後に現れ来たる女医たちの成果如何によって判断しようではないか」

重信の一声で会場は落ち着きを取り戻し、式を続行することができた。吉岡彌生、竹内茂代、そして会場にいた女医学校の生徒たちは重信の言葉を胸に刻み、女医の評価を高めるべく懸命に努めようと誓い合った。

三〇年の歳月を経て彌生と茂代が政府に重用されたことは、このときの誓いが結実したことを象徴的に表していた。だからこそ女医学校の最初の卒業式を女医反対派によって邪魔され涙を呑んだ当時の女子医学生たちは、こぞって我がことのように喜んだのである。

女医学校は竹内茂代を卒業させたあと、毎年順調に開業試験の合格者を出すことができた。明治四五（一九一二）年には専門学校へ昇格、大正九（一九二〇）年には卒業すれば自動的に医師の資格を得ることができる文部省指定校となった。

五分刈りに二重マント

瑞の留学前にすでに興っていた「女医亡国論争」は、帰国後ますます盛んになっており、当然ながら女子医学生たちの間でも話題になっていた。

高橋医院で受付を務めながら済生学舎に通う柏木トシは、女医の卵として女医批判に腹を立てていたが、師事する瑞が我関せずという態度なので、物足りなさを感じていた。トシは埼玉県の出身で、本当は荻野吟子に師事したかったのだが、吟子は渡道の準備のためすでに医院を閉鎖していたので、瑞のもとへやってきたのだった。

早朝、トシは開院の準備を済ませると、瑞に尋ねた。

「先生は三年ほど前にＳ・Ｆという人が書いた『本邦の女医』という女医批判記事をお読みになりましたか？」

「ああ、読んだよ」

返事はそれだけだった。

「あの頃女医といえば、まだ荻野吟子先生と高橋先生と本多銓子先生と、あとほんの少ししかいらっしゃいませんでしたから、あの批判の何分の一かは先生にも向けられていたということになります。何かお感じになるところもございましたよね」

「匿名でしか物を言えないヤツの話になんか、耳を貸す必要はない。毎日真面目に仕事をやってれば、いずれ批判するヤツなんていなくなるだろう」

「でも、女には医者になる資質がないなんて書かれて、腹が立たないのですか？」

「腹が立つというよりも、そいつの言ってることが間違っているとしか言いようがないな。女でもこうして試験に合格して医者をやってるわけだから」

「女子医学生は下宿で男子医学生と間違いを犯すに決まってるというようなことも書いてありました」

「かりに何かあったところで、若いうちはいろいろあった方が面白いだろう」

「女は妊娠や出産で仕事を休むから、医者には向かないとも書いてありました」

「男の医者だって病気や怪我で仕事ができなくなることがある」

「ええ、そうです。でもあんなふうに批判されたら、女医は誰も子どもを産めなくなります」

「産まなければいいさ。女が子どもを産まなくなって困るのは、詰まるところお国なんだ。これからは女医に限らず、働く女が増えるだろう。するといったんは女に仕事をさせるなっていう方向に圧力がかかるに違いない。それでも女たちは働くことを諦めないだろうから、子どもは減る一方だ。となればお国は慌てて、仕事をしながらでいいからどうか子どもを産んでくださいって方向に動かざるをえない」

「それは一体、何年後ですか？　そうなるのを待っていたら、みんなお婆さんになってしまいます」

「婆さんどころか、死んだあとかもな」と言って、瑞はおかしそうに笑った。

「先生！」

「安心しろ。トシが仕事をしながら子どもを産みたいなら、私が面倒みてやる」

　トシは軽く溜息をついた。

「つい最近、荻野吟子先生が『女学雑誌』に、女医批判に対する反論を投稿されました。医者の仕事などは女に任せて、男は戦場へ行けとおっしゃっていますが、それは女医に活躍の場さえ与えれば、世間はその実力を認めざるをえないだろうという自信から来ているのだろうと、医学校の女子学生たちは皆、感心しています」

「荻野さんはそういう立派な人なんだ。私はその器じゃない。ただ女が医者として十分にやっていけるってことを証明することしかできないよ」

　トシは落胆した。自分の師匠が、同じ女医ながら荻野吟子よりも一段下に思えたからである。

その日、講義を聴くため済生学舎へ出かけたトシが、友人に瑞とのやり取りを報告すると、「高橋先生は、あまり世の中のことにはご関心がないようね。その点、荻野先生は世の中の女たち全体のことを考えていらっしゃる。あの通り見た目もおきれいだし、本当に素晴らしい方だわ」と返され、たしかにその通りだと思った。

女医亡国論が吹き荒れる中、医術開業試験という狭き門をくぐってまで医者になろうとする女たちの中には、吟子に憧れて医者を目指したという者が少なくなかった。今日も広く知られている吟子の鹿鳴館スタイルの写真は、開業試験合格時に撮ったものだが、若い娘たちは遠くを見つめる吟子の凛々しい姿に、自分の未来の姿を重ねたのである。その荻野吟子と常に比較されたのが高橋瑞だった。

この頃、済生学舎に通っていた大村のぶは、後年開かれた済生学舎出身の女医たちによる座談会で、瑞について「此の方はチット奇人でしたね。先づその時分に男装をして、頭《つむり》をまるで五分刈りにして了つて、二重マントを着て歩いてました。（中略）俥に納まつたところは、まるで男隠居さんが乗つて居る様でした、まあ快活な人でしたね、開業しても相当流行つて居ました。荻野先生は、美しい、普通の方で何もそんな変つたところはありませんでした。よく雑誌なんかに写真が出るでせう。あの通りです」（『日本女医会雑誌』）と回想している。

同じく赤尾つるは、学生時代に瑞の医院を訪問したときのことをこう振り返る。

「お腰（引用者注・腰巻）の上に絽《ろ》のチャンチャンを着て、大きなお乳をブラ下げて、そして出て来られた。夏など、一寸浴衣を引掛けて、杖をついて、男か何か本当に分らないですよ。あまり肥つていらしたので、坐れないんです。始終床を取つて、診察が済むと直ぐに寝床に這入る、といふ風でした。代診は男許《ばか》り使つて、野郎呼ばはりです」（同右）

このように女子医学生たちの間では「まるで男隠居」のようだとあまり評判のよくなかった瑞だが、寄宿させている学生たちに対する面倒見はすこぶるよかった。柏木トシも、学費をすべて出してもらい、開業試験合格後の独立資金も瑞に用立ててもらったのである。


やはり瑞の世話で医者となり、日本橋で開業した男性医師は、成功したのちにこう語った。

「弟子に対する態度も、まるで男のようであった。煙草は刻《きざ》みがお好きで、銀の細いのべ煙管を使っておられたが、我々が何か不始末を為出《しで》かすと、それで、肩口をハッシと打たれる。細い六寸ほどのものゆえ、そう痛くもなかったが、その気合いのよさは、無類だった。痛さよりもさきに、冷っとするのだが、露地の庇合《ひあわ》いの風のように、爽快だねと、その頃私のほかに男四人、女一人が残っていて、この覚えのあるものは一様に、そう云い合ったものだ。文句は云われる方がよくないに決っていたし、一度云ったことは二度とは云われず、この痛さを忘れるなよ、と云う言葉にも、誠意がこもっている感じで、自然に頭が下がってしまった」(『日本女医史』)

瑞が援助したのは、医学生にとどまらなかった。すでに留学時の借金を返済し、借りていた自宅兼医院も自分のものにしていた瑞は、困窮学生と見れば分野を問わず援助を惜しまなかった。明治三〇(一八九七)年に東大を卒業し、名古屋高等工業学校(現名古屋工業大学)設立と同時に建築科の最初の教官となった中栄徹郎や、アジア太平洋戦争中に「関東防空大演習を嗤《わら》ふ」と題した新聞社説で陸軍を批判した反骨のジャーナリスト、桐生悠々《きりゅうゆうゆう》も瑞の援助によって世に出ている。

桐生悠々への注文

桐生悠々は明治六(一八七三)年の生まれで、瑞の二一歳年下に当たる。貧しい旧加賀藩士の家に生まれ、一〇代の終わりに小説家を目指して上京したものの挫折していったん帰郷、あらためて東京法科大学政治学科(現東大法学部)に進学した。小説や評論を執筆したり、第一高等学校（現東大教養学部）教授芳賀矢一から筆耕の仕事を請け負ったりして糊口を凌いでいたが、学業に専念できる環境ではなく、見かねた矢一が引き合わせたのが、「篤志家」として知られていた高橋瑞だった。

瑞は初めて悠々に会ったとき、「あんたは学校を卒業したら何になるんだ」と尋ねている。それまで瑞に学資援助を頼んできた学生たちは皆、明確な目標を持っていたが、悠々はすでに執筆業で稼いではいたものの、まだ将来を決めかねていた。

悠々が正直に「まだ決めておりません」と答えると、瑞は「そうか。あんたの年の頃はまだ私も田舎でのんびりしてた。ただ、私の援助を受けるからには、警官と軍人にだけはなるなよ」と言った。

瑞は留学前の巡査とのいざこざ以来、警官が嫌いだった。そして軍人というよりは、戦争を憎んでいた。産婦人科と小児科の看板を掲げる高橋医院だったが、名医との評判から成人の男性患者も多く、その中には日清戦争に従軍した際の悪環境のために脚気を発症した者や、戦闘の際に負った傷がいまだに癒えない者が少なからずいたのである。

日清戦争で命を落とした約一万三五〇〇人の日本兵のうち、実に九割が脚気やコレラによる病死者だった。また、戦争のための増税や献金によって困窮した人々の生活は勝利後も回復せず、不況が続き、町には失業者があふれていた。

悠々は警官と軍人にはならない自信があったので、「わかりました」と大真面目に答え、瑞の笑みを誘った。

「冗談だ。あんたがなりたいものになればいい。卒業するまで毎月一二円でどうだ。やっていけるか」

当時、小学校教員の初任給が八円、巡査の初任給が九円だった。

「十分です。ただ、そんなにお借りすると、お返しするのに何年もかかってしまいます」

「なあに、金は返さんでもいいから、私が死んだときに墓でも建てておくれ」

悠々は予想外の返答に、「はい」と答えるしかなかった。

「墓でも建てておくれ」は、瑞が学資を援助するときの常套句だった。瑞は学資を回収しようとは考えていなかったが、金を「遣る」のと「貸す」のとでは、その後の彼らの気張りに大きな差が出ることを知っていた。だから墓を建ててほしいと言ったのだが、それは同時に彼らに遠慮をさせないためでもあった。

のちに恩師津久井磯子の孫、利行に洋行費として三〇〇〇円を貸す瑞だが、そのときも「私もあんたのおばあ様に学資を世話になったが、全額お返しした。だからあんたも全額返しておくれ」と言い、利行が「洋行には危険が付きものです。もし私が死んだらお金はどうしたらよいですか」と尋ねると、「そのときは香典として遣る」と答えている。

桐生悠々は、明治三二（一八九九）年に二六歳で大学を卒業し、まずは東京府の役人となったが肌に合わず、さまざまな職業を転々とした。その後『下野新聞』『大阪毎日新聞』『大阪朝日新聞』などで記者を務め、明治四三（一九一〇）年に『信濃毎日新聞』の主筆となる。その二年後、明治天皇の大葬の日に乃木希典が妻静子とともに殉死すると、これを「陋習《ろうしゅう》」として社説で痛烈に批判、さらに二年後、海軍汚職事件「シーメンス事件」に関連して政府批判を繰り返したことから、退社に追い込まれた。

紆余曲折の人生の中でも、瑞が亡くなる昭和の初頭が、悠々にとって最も不遇の時代であったかもしれない。大正一三（一九二四）年に無所属で衆議院議員選挙に出馬して落選、その後自ら新聞を発行するものの一年足らずで廃刊し、負債を抱えたまま昭和を迎えた。悠々が本領を発揮するのは、瑞が亡くなったあとである。

再び『信濃毎日新聞』の主筆となった悠々は、満州事変勃発後の昭和八（一九三三）年、陸軍が関東一帯で行った防空演習を「関東防空大演習を嗤ふ」と題した社説で批判し、物議を醸した。

この防空演習は、敵機を東京上空で迎え撃つことを想定していたが、悠々は、すべての敵機を撃ち落とすことは不可能であり、攻撃を免れた敵機が、木造家屋が多い東京を「一挙に、焼土たらしめるだろう」と指摘した。

「逃げまどう市民の狼狽目に見るがごとく、投下された爆弾が火災を起す以外に、各所に火を失し、そこに阿鼻叫喚の一大修羅場を演じ、関東地方大震災当時と同様の惨状を呈するだろう」「しかも、こうした空撃はいくたびもくり返される可能性がある」「だから、敵機を関東の空に、帝都の空に、迎え撃つということは、わが軍の敗北そのものである」

戦争末期の東京をはじめとする主要都市への空襲の惨禍を悠々は一〇年以上も前に予見していたことになる。しかし当然ながらこの社説は陸軍の逆鱗に触れ、地元の在郷軍人会が『信濃毎日新聞』の不買運動を展開したため、悠々は再び退社を余儀なくされた。

その後、悠々は亡くなるまでの八年間に、個人誌『他山の石』を一七六号発行するが、軍部、政府批判を行ったため、たびたび発禁処分を受けた。悠々は同誌に、「言いたい事」と「言わねばならない事」は区別すべきで、「言いたい事を言うのは、権利の行使」だが、「言わねばならない事を言うのは、義務の履行」であり、「義務の履行は、多くの場合、犠牲を伴う」と書いている。

太平洋戦争開戦を三カ月後に控えた昭和一六（一九四一）年九月、悠々は喉頭癌のため六八歳で亡くなる。死期を悟った悠々がしたためた『他山の石』の「廃刊の辞」は、またもや将来を予見したものだった。

「時たまたま、小生の痼疾《こしつ》咽喉カタル非常に悪化し、流動物すら嚥下《えんげ》しあたわざるように相なり、やがてこの世を去らねばならぬ危機に到達いたしおり候ゆえ、小生はむしろ喜んでこの超畜生道に堕落しつつある地球の表面より消え失せることを歓迎いたしおり候も、ただ小生が理想したる戦後の一大軍粛を見ることなくして早くもこの世を去ることはいかにも残念至極にござ候」

悠々は、日中戦争開戦前から空襲による都市の惨状を予見し、太平洋戦争開戦前から、終戦後の「一大軍粛」を予見していたのである。この「廃刊の辞」が掲載された最終号も発禁処分となるが、その命令書が届いたのは悠々の通夜の席だった。

大手メディアが軍部、政府に迎合する中、時流に流されることなく、反軍部、反権力の姿勢を貫いた桐生悠々は、瑞が冗談まぎれに口にした「警官と軍人にだけはなるなよ」というただ一つの注文を十分すぎるほど守り抜いたといえる。もちろん、瑞との出会いがなくとも悠々は同じように反骨の精神を十分に発揮しただろう。ただ、女は医者になれないと定めた国に果敢に挑戦した瑞と、最後まで軍国を批判し続けた悠々には相通ずるものがあったように思えるのだ。

美寿子との再会、銈子との交流

時代は悠々と瑞が出会った頃に戻る。ドイツ留学から帰国して五年目にあたる明治二九（一八九六）年四月の『報知新聞』に、「今東京に在る有名なる女医」として、一〇人の名が掲載された。筆頭が高橋瑞で、ほかに本多銈子や吉岡彌生らの名もあった。荻野吟子の名がないのは、志方之善と結婚し、すでに医院を畳んでいたためである。

この記事を読んで、ひょっこりと瑞を訪ねてきたのが岡田美寿子だった。

「瑞さん、有名になったのう」

「あんたこそ、荻野吟子さんと並んで大日本婦人衛生会の幹事になってるとは、驚いたよ」

瑞は、美寿子の師匠にあたる産婆を訪ねたときのことを話した。

「産婆もやり甲斐があったけんど、看護婦は妊産婦だけやなく、いろんな年代の患者さんたちに親しめるところがええかなと思うて、学校に入って勉強したんじゃ。今は幼稚園の看護婦をやっとる」

「そうかそうか。子どもはかわいいよな。それにしてもよく来てくれた。うれしいよ」

瑞はそう言うと、自分の部屋の戸棚の奥から、一〇年以上も美寿子から借りたままになっていた四冊の医学書を持ってきた。

「ずっと持っとってくれたんじゃな」

美寿子はうれしそうに言った。

「今日はちょうど桜が見頃だよ。早めに閉めるから、いつかあんたとせい子さんと三人で行ったお濠へ行こう」

二人は濠端で桜を眺めながら、紅杏塾時代の思い出や、その後のそれぞれの道のりについて語り合った。かつてはなかった染みや皺が現れ始めた二人の顔には、自力で手に入れた今の生活に対する誇りと満足感が表れていた。美寿子は晩年、大阪へ移ったが、二人の交流は瑞が亡くなるまで続く。

瑞の評判は故郷西尾へも届くほどになっており、兄が手紙を寄越した。瑞は黙って出奔したことと、その後の無沙汰を詫び、兄夫婦や甥、姪たちと再会を果たす。以後は頻繁に実家へ足を運ぶようになり、自分が学資を援助して育てた医者に姪を嫁がせたりもした。出奔したときは旅芸人の一座と徒歩で上京した瑞だったが、二〇年が経ち、故郷と東京はすでに鉄道で結ばれていた。

瑞にとって、流行医として多忙な日々を過ごしながら困窮学生たちを支援していたこの頃が、最も穏やかな時代であった。経済的な心配はなく、好きなものを食べ、どんなに多忙でも夜は布団を敷いて眠ることができる。

午前中は急患の往診がない限り医院で診療に当たり、昼食後は予約の入っている往診に出かけるというのが瑞の日課だった。名医として名を馳せ、しばしば新聞に「女医高橋瑞　産科に限り貧窮者無償施療」という数行の広告を掲載していたことから往診範囲は広く、麻布、四谷界隈まで俥で向かうこともあった。

赤坂に暮らす老画家に気に入られ、数年にわたり往診したこともある。その道すがら、同じく俥に乗る女としばしば出くわすようになり、すれ違うときは互いに会釈を交わすようになった。

最初に会釈をしてきたのは相手の女だった。当人の雰囲気はもちろん、車夫まで品がよく、瑞は恐れ入って慌てて頭を下げた。年の頃は三〇代半ばか。ふくよかな体型と優しげな目元は、子育て中の母親にも見えるが、それにしては頭髪から着物まで、身なりが整い過ぎている。

何度か会釈を交わすうちに、相手の車夫がいつも同じであることに気づいた。瑞自身もそうだったが、政治家や官吏、医者や産婆は、お抱え車夫を雇っていることが多く、瑞は女がこの界隈で仕事をしている産婆ではないかと見当をつけた。

あるとき、難しいお産があったため女子医学生を助手として伴い、新橋へ往診に出かけたその帰り道、瑞はいつも赤坂ですれ違う女が俥で前方を横切るところを目にし、思わず「あっ」と声を上げた。すると俥に並んで座っている学生が、「本多銓子先生ですね」と事もなげに言った。

「んっ。あの人は本多銓子さんなのか」

「先生、ご存じないのですか」

「いや、知り合いだ。しょっちゅう挨拶してる。ただ、本多銓子さんとは知らなんだ」

柔和な面持ちと、しばらく前に銓子が書いた女医批判に対する反論が結びつかなかった。

「本多先生はきっと高橋先生のことをご存じですよ」

「なぜわかる」

「先生は有名人ですし……それに、目立ちますから」

男装の女医高橋瑞は、往診範囲を広げるにつれ「日本橋名物」から「下町名物」へとなりつつあった。

「いつもは赤坂でお会いするんだが」

「本多先生は医者になられてすぐにご結婚され、最初は新堀町の自宅で開業されていたのですが、今は赤坂で開業されていて、駒場の農科大学の官舎から毎日通っていらっしゃるのです」

「ご夫君が農科大学の先生なのか」

「そうです」

「駒場から赤坂まではちょこっと距離があるな」

「そうですね。本多先生は皇室の侍医もされているので、今日などはそちらへお出かけなのかもしれません」

「あんたずいぶん詳しいな」

「はい、本多先生に弟子入りしたかったのですが、希望者が多くて無理でした」

「荻野さんといい本多さんといい、ずいぶん学生に人気があるな」

「荻野先生は何といっても女医第一号という動かぬ名声をお持ちですし、社会的な活動にもご熱心でいらしたので、学生たちの憧れの的でした。ですからあの若い伝道師とご結婚されたときは、皆、失望したのです」

「それは荻野さんの自由だ」

「一方の本多先生もお優しくて、面倒見のよいことで有名です。以前、女医批判記事に反論されたときは、あの穏やかな本多先生がと女子医学生たちは皆、意外に思ったのですが、思いやりのある方だからこそ女医や学生たちのために、矢面に立って反論してくださったのでしょう」

瑞は銈子が書いた反論を思い出していた。それは批判に対し一つ一つ言葉を尽くして回答するといういかにも生真面目なものであり、その後女医批判は続いても、銈子の反論自体に対する批判というものはついぞ出てこなかった。瑞は、政局と絡めずに女医の存在を肯定した銈子の意見を好ましく感じていた。

「でも私、今は高橋先生に弟子入りして本当によかったと思っています。私のような粗忽者には、先生のような厳しい方がちょうどよいのです」と学生が慌てて付け加えると、瑞は「だから私のところには粗忽者ばかりが集まるのか」と独りごちた。

墓地で人骨を拾う

翌々日、瑞が俥で赤坂の老画家の家へ向かっていると、日枝神社の辺りで前方から銓子の俥がやってきた。瑞は、女医批判に対して毅然と向かった銓子に、今さらながら敬意を表し、いつもより丁寧に頭を下げた。銓子も同様に会釈を返しながら、上の方を見てとでもいうように、微笑みながら瑞に目配せをする。瑞が銓子の俥を見送りつつ上を見ると、神社の桜がほころび始めていた。

その後しばらく、銓子とすれ違いざまに挨拶を交わす日々が続いたが、桜が散り、若葉が生い茂り始めた頃から、ふっつりとその姿を見かけなくなった。

初夏のある晩、瑞が一日の診療を終え、縁側で煙草をふかしているところへ、吉岡彌生が訪ねてきた。二人の付き合いは、彌生が済生学舎在学中に「女医学生懇談会」を結成した際、瑞に「特別顧問」を頼んで以来、すでに八年ほど続いている。この頃、彌生はまだ吉岡荒太と結婚したばかりでさほど忙しくなく、多いときでは月に数回、二人共通の好物である「岡埜栄泉」の餅菓子を手土産に語らいにやって来た。住まいがある飯田橋から日本橋の高橋医院まで、徒歩で小一時間ほどの距離である。

彌生は縁側に瑞と並んで腰掛けると、開口一番「先生、煙草はおやめください」とぴしゃりと言った。

「喘息が悪化するばかりですよ。医者の不養生とはまさに先生のことです。まさかもうあの薬は使ってらっしゃいませんよね」

彌生は、瑞が発作を止めるためにときどきモルヒネを使っていることを知っていた。

「まあ、最近は発作もあまり出なくなった」

瑞はいそいそと煙管を片付けながら言った。

「本当ですか？　先生の喘息が年ごとにひどくなるとお弟子さんたちが心配していましたよ。モルヒネは咳を止めても痰の切れを悪くしますから、かえって危ないのです」

「私にはあれが一番効くんだ」

「やはり使っているんですね！」

瑞は構わず彌生が持ってきた餅菓子の包みを開くと、弟子に「お茶、おくれ！」と叫んだ。そして話題を変えるためにも、女医や女子医学生たちの動向について最も詳しいといえる彌生に、銈子のことを尋ねてみることにした。

「本多銈子さんは、最近どうしてる」

「本多先生でしたら、つい最近赤坂の診療所を閉められました」

「閉めた？　どこか別の場所へ移ったのか」

「いいえ、医者をお辞めになったのです。しばらくはお子様方のお世話に専念されるようですよ。医者の仕事にたいそうやり甲斐を感じていらっしゃるようでしたので、人づてに聞いたときは信じられませんでしたが、つい先日お宅へお邪魔しましたら本当でした。医者を続けたいけれど、子育ての片手間にできることではないとおっしゃって、泣いておられました」

「何とか続ける方法はないのか。子どもを乳母に預けるとか」

「真面目な方だけに、子育ても仕事も一切妥協ができないのでしょう。お子様方が大きくなられたら、また復帰されますよ」

「そうだな。あれだけの人を周りが放っておかないだろう」

瑞は餅菓子を頬張りながら、大きく頷いた。

「ええ。何しろ女医批判が興ったとき、真っ先に反論をなさった方ですから。あの頃私はまだ学生でしたが、胸のすく思いがいたしました。さすが彰義隊頭取の娘です」

「戊辰の役のときの彰義隊か」

「そうです。本多先生は江戸の生まれで、物心がつくかつかないかの頃に戊辰の役が起きたそうです。幕臣だったお父上は新政府軍と戦うため、彰義隊を結成したのですが、怪我をして上野戦争は戦えなかったようです。維新後は新政府の役人になっておられますから、優秀な方だったのでしょうね」

幕末の江戸と聞き、瑞は父の驥六郎を思い出していた。驥六郎が江戸詰めになったのは文久二（一八六二）年なので、戊辰の役より六年も前のことだ。しかも江戸へ出て間もなく胃癌を患い、帰郷後五カ月で亡くなってしまった。父がもし病気をせずにあのまま江戸にいたら、戊辰の役に巻き込まれていたのだろうか。

彌生は話を続けた。

「私の父は偶然にも上野戦争に遭遇しております。父はすでに静岡で医者をやっており、兄たちも生まれていたのですが、幕末の空気に刺激されましてね。江戸へ出て、西洋医学を学ぼうとしたのです。ちょうどその頃、彰義隊の上野戦争が起こりました。『錦布《きんぎれ》をつけた官軍の兵隊や彰義隊の死骸が道端に転がっていて、それは恐ろしかった』とよく申しておりました。静岡へ帰るにも東海道は危なくて通れず、甲州街道を通ったそうです」

「今の賑やかな上野界隈からは想像もできないな」

「父は勝手に医者をやめて江戸へ行ったので、一時は患者がまったく来なかったのですが、聴診器などを持ち帰り、見よう見まねで診療をしておりましたら、『あの医者はゴムで病気を診る』という評判が立ち、たちまち流行しました」

彌生は懐かしそうに言ってから湯飲みに口をつけた。

「風味のよいお茶ですね。もしかして西尾のお茶ですか?」

「この頃、兄嫁が送ってくるんだ。あんたの出身の掛川も茶所だったな」

「ええ。掛川のお茶もなかなかのものです。次に来るとき持ってまいります」

六つあった餅菓子を二人はあっという間に平らげた。

「そういえば、本多先生は和菓子よりも洋菓子がお好きで、ご自分でもお作りになるのですよ」

「洋菓子というと、ビスケットとかケーキのことか」

「ええそうです。本多先生は子どもの頃、英語を身につけるためにアメリカ人のご家庭に預けられていたので、その頃から洋菓子に親しんでらしたのでしょう。英語は一五歳のときに全権公使夫人の通訳を務めるほどだったのですよ。東京女学校でも優秀なご成績でしたので、成医会講習所の高木先生に引き抜かれ、医者を目指すことになったのです」

「私は頼んでやっと医学校に入れてもらったが、学校の方から入ってくれと言われるとは、うらやましい話だ。それに成医会は済生学舎より学生のタチもよいだろう」

「済生学舎よりはだいぶ上品だったでしょうけど、それでも男子学生の嫌がらせはひどかったようです」

「そうか。どこも同じだな」

「男子学生たちが骨格標本を専有してしまって、本多先生には見せてくれなかったそうです。だから先生は夜中に提灯《ちょうちん》を持って高輪の泉岳寺の墓地に入り、捨てられている頭蓋骨や大腿骨を拾い集めて勉強したそうです」

当時、骨格標本といえば、本物の人骨か特別に作らせた木製のものがわずかにあるだけで、医学校でさえ数体しか所有していなかった。

「そうか。あの人にそんなご苦労があったのか」

そのとき医院の方から「高橋先生、急患です。往診願います」という弟子の声がした。

「それでは先生、また参ります」

彌生は残っていたお茶を飲み干した。

「ちょこっと待て」瑞は太った体を持て余しながら立ち上がり、いったん部屋に戻って財布を取ってくると、彌生に帰りの俥代を渡した。「いつもすみません」「暗いから気をつけて。ご夫君によろしく」

瑞は時間ができると彌生の夫荒太からドイツ語を習っていた。これは医学の勉強のためと、もう一つ、留学時に世話になった下宿の主人マリー・フォン・ラーガーシュトレームにドイツ語の手紙を書きたいがゆえである。しかし残念ながら、手紙を読むことはできても、書くほどには上達しなかった。

瑞は弟子に手伝わせて往診の準備をし、俥に乗り込んだ。患者宅へ向かう途中、墓地の脇を通った瑞は、暗がりのなか提灯を片手に骨を拾い集める本多銓子の姿を思い浮かべていた。

日本女医会総会にて

瑞は五〇を過ぎた頃から、「年をとって診療に万一間違いがあったらいけない。私は六〇になったら引退する」と周囲に話していた。そして、東京女医学校を立ち上げた吉岡彌生を呼びつけるとこう告げた。

「私が死んだら、遺体はあんたの学校にやるから解剖して役に立てておくれ。それから骨も活かせ。私は死んだあと、骨格標本になりたい」

彌生は申し出をありがたく受けた。

前述のように、明治四五（一九一二）年、彌生の東京女医学校は、東京女子医学専門学校として文部省から認可された。同じ頃、瑞は荻野吟子とともに「女医界の元老」として、日本女医会の総会に招かれている。

公許女医第一二号で日本女子大の校医となった前田園子らが一〇年前に立ち上げた日本女医会は、すでに二〇〇人以上の会員を抱える一大組織となっていた。

開会時刻より少し早めに到着した瑞が来賓席に座っていると、入り口の辺りでざわめきが起きた。人垣の間から現れたのは、荻野吟子だった。公許女医第一号として新聞、雑誌で報じられ、社会活動にも積極的だった往時に比べれば、当然ながら年をとっていたが、背筋が伸び、目には光があった。

瑞は立ち上がって頭を下げた。吟子も年齢や背恰好から相手が高橋瑞だと悟り、丁寧に頭を下げた。二人はかつて紅杏塾の実習で一緒になったことがあったが、互いに気がついていないため、実質的には初対面であった。

「高橋先生ですね。たいへんなご評判とうかがっております」

「いやいや、荻野先生のご名声にはとても敵いません」

「一四年も北海道におりまして、三年と少し前にこちらへ戻ってまいりました。今は本所の方で開業しておりますが、最新の医学からは置いてきぼりを食っています」

「ご謙遜を。私は荻野先生が医術開業試験に合格したという新聞記事を読んで慌てて医学校へ入ったんです。置いてきぼりを食ったのは私の方です」

二人は顔を見合わせて笑った。

開会後、二人はそれぞれ壇上で話をした。

吟子は開業試験に合格するまでの苦難の道のりについて語った最後に、「今はこんなに大勢の女医が誕生し、本当にうれしく思います」と言いながら感極まり、会場の拍手と喝采を浴びた。

続く瑞は、「私は、あと半年して六〇になったら医者を辞めます。だけどあとを任せるには、皆さんはまだちょこっと頼りない。もっともっと精進してください」と語り、聴衆を苦笑させた。

降壇後、吟子が瑞に「今年で引退なんてもったいない。あなたはまだまだ医者を続けられるはずです」と言うと、瑞は「そうしたいところですが、持病の喘息がよくないのです。患者を抱えとる身で死ぬわけにはいかないので、早めに引退します。荻野先生はご経験を活かしてこれからも医者を続けてください。医者にとって経験は財産です」と答えた。

しかし死期が迫っているのは瑞ではなく、吟子の方であった。

この総会を機に、吟子はまるで息を吹き返したかのように活動的になる。それまでは患者がいてもいなくても一日中医院で過ごしていたが、吟子を慕う後輩の女医たちが手伝いに訪れるようになったので、彼女たちに代診を任せ、自身は積極的に往診に出かけるようになった。

また、翌年から刊行されることになった『日本女医会雑誌』で「本邦女医の嚆矢《こうし》」と題して吟子の特集記事が組まれることになり、診療の合間に取材に応じた。

大正二（一九一三）年五月二三日、『日本女医会雑誌』創刊号の原稿が印刷所に渡ったその晩、吟子は脳溢血で倒れる。そして、雑誌の刊行を二日後に控えた六月二三日、養女トミに見守られながら静かに息を引き取った。

吟子病臥の報に吉岡彌生とともに駆けつけた瑞は、亡くなるまでの一カ月間、施療を行った。そして、自身の患者の引継ぎを終えた翌大正三年一二月、新聞に医院閉鎖の報を掲載し、友人知人に宛てて「今後はご無沙汰するでしょうが、どうかお構いにならないでください。せっかくお出でいただいても失礼するようなことがあるかもしれません。悪しからず」と印刷した葉書を送ると、医者を廃業した。

瑞が最後の患者の往診を終えたとき、外は雪だった。医院に到着し、俥を降りて振り返ると、雪道に轍《わだち》が刻まれていた。辿っていけば、遠く前橋の産婆時代まで続いているのではないかと思われた――。

エピローグ

引退後の瑞は、宮内省御歌所寄人《よりうど》遠山英一に師事し、亡き父から手ほどきを受けた和歌の道へ入った。父の遺稿を『春可流集《すがる》』としてまとめ、恩師津久井磯子の遺徳碑を建立、喘息がひどくなると熱海へ湯治に出かけるなどしながら晩年を過ごし、昭和二（一九二七）年二月二八日、大葉性肺炎のため七四歳で亡くなった。

辞世の句には、瑞の潔い性格がよく表れている。

「わかれをば　おしまん人もなき身なり　心もかろく　いざいでたたむ」

瑞の遺体は遺言に従い、東京女子医学専門学校において解剖に付され、骨格は標本にされた。

今日、人体骨格標本はおもに合成樹脂で作られ、小学校の理科室でさえ見ることができるが、本多銈子が墓地で人骨を拾い集めたエピソードからわかるように、当時はとても貴重な教材だった。銈子の苦労話を伝え聞いた瑞は、あとに続く女子医学生たちのために、自らが標本になろうと考えたのではないだろうか。

瑞の骨格標本について、『吉岡弥生伝』（一九四一年）には「お骨は形のまま大切にガラスの箱をつくって校内に安置いたしました。詳細な病歴と剖見記録をとっておきましたが、その遺骨は、『高橋先生のお骨』と申し、私どもの学校の校宝として、多数の学生に朝夕無言の感激と激励を与えているのであります」と記されている。

大切にされていた瑞の標本は、長い年月の間に散逸してしまったのだが、平成二〇（二〇〇八）年に大阪大学保健センターの太田妙子教授（当時）が東京女子医大に捜索を依頼したところ、「それらしき骨標本」が見つかった。

太田教授は古人骨研究や法人類学研究の専門家の協力を得て瑞の骨格を特定することに成功し、骨盤の形状から、「妊娠の可能性は充分推察できる。流産、中絶、出産にしろ、身の上話として瑞が語ることは無かったのであろう」と指摘した。高橋瑞が子どもを育てたという記録は残っていないので、この妊娠がかりに出産まで至っていたとしても、子どもとは生き別れたということになる。

すでに瑞について書き始めていた私は、当初この事実に戸惑った。校長に直談判の末、女として初めて正式に医学校へ入学し、無謀なドイツ留学を果たすという破天荒な人生を歩んだ「男装の女医」のイメージにそぐわなかったからである。しかし、同時にこの事実は、瑞が産婆になる以前のことについて語ろうとしなかったことや、産科の無償施療に力を入れたことに整合性を与え、瑞の人生を理解する手がかりとなった。

当然ながら高橋瑞も生身の女であり、妊娠、出産にまつわる辛苦を舐めていたとしても不思議はない。そのことをおくびにも出さず、苦学して医者となり、妊産婦や乳幼児のために働いたのである。しかしながら、瑞がいつ妊娠したのか、その妊娠がどのような経過をたどったのかは不明であるため、本書では短い結婚生活の最後に、重篤な下腹部痛と出血に見舞われる描写を残すにとどめた。

今日では、医学の進歩によって月経も妊娠も出産も、ある程度コントロールが可能であり、社会的にも女が結婚、出産することが当然視されなくなった。しかし、かつては望むと望まざるとにかかわらず結婚することが当たり前とされ、避妊の術がないため妊娠、出産を繰り返し、その際に命を落とすことも珍しくなかった。女たちは、避けようのない運命を背負っていたといえる。

妊娠経験があったとされる瑞もまた例外ではなかっただろう。だからこそ瑞は、女が女であるために背負わなければならない運命をせめて良い方向へ導こうと考えたのではないだろうか。その意志が、産婆を経て医者となり、産科の無償施療を始めたことに明確に表れている。

さて本書には、高橋瑞のほか、公許女医第一号の荻野吟子、第二号の生澤久野、第四号の本多銈子、東京女子医大創設者の吉岡彌生など複数の女医を登場させた。史料に見られる言動から浮かび上がってくるそれぞれのキャラクターが個性的で、私自身が興味を抱いたからである。彼女たちは私に、人は群れずとも連帯できるということを教えてくれた。なお、史料が乏しい部分は想像を交えて書いている。

今日、「女医」という言葉は、「本来男の仕事である医者を女がやっている」という意味合いを含んでいることから、差別用語と見なされる。しかし初期の公許女医たちは、まさしく「女医」として差別され、「女医」として生きたので、本書ではあえて「女医」という言葉を使った。「女医」が登場してから一三五年。医療現場で活躍している女性医師は、七万人を超えている。

（了）

主要参考文献

多川澄「日本女医五十年史」(『医事公論』連載・一九四三年)

日本女医会編『日本女医史(追補)』(日本女医会・一九九一年)

神崎清編『吉岡弥生伝』(東京聯合婦人会出版部・一九四一年)

松田誠『高木兼寛の医学――東京慈恵会医科大学の源流』(東京慈恵会医科大学・二〇〇七年)

白井暢明『北海道開拓者精神とキリスト教』(北海道大学出版会・二〇一〇年)

島沢雅子・島沢良子編『うさぎ幼稚園八十周年記念誌』(うさぎ幼稚園・一九六六年)

大久保利謙編『森有禮全集』(宣文堂書店・一九七二年)

高橋辰五郎『傍訓産婆学講本』(南江堂・一九二四年)

関川夏央編『日本の名随筆　別巻76　常識』(作品社・一九九七年)

鶴見俊輔編『現代日本思想体系12　ジャーナリズムの思想』(筑摩書房・一九六五年)

『桐生悠々著作集』第六巻（日本図書センター・二〇〇七年）
高橋瑞子著・古橋兼光編『瑞雲集』（一九三三年）
太田妙子「高橋瑞の骨標本調査——発達した下肢骨、深い耳状面前溝」（『医譚』日本医師学会関西支部編・二〇一一年）

謝辞

高橋瑞について多くの方々に知ってほしいという私の願いを叶えてくださった中央公論新社の山田有紀さんに、心からお礼を申し上げます。

東京女子医科大学史料室および図書室、順天堂大学日本医学教育歴史館、方言を監修してくださった皆様のご協力に感謝いたします。

最後に、本書を手にとってくださった読者の皆様、ありがとうございます。

装幀◎キガミッツ

本書は書き下ろしです。

田中ひかる

1970年東京都生まれ。学習院大学法学部卒業。専修大学大学院文学研究科修士課程にて歴史学を、横浜国立大学大学院環境情報学府博士課程にて社会学を専攻。博士(学術)。女性に関するテーマを中心に、執筆・講演活動を行っている。著書に『月経と犯罪—女性犯罪論の真偽を問う』『月経をアンネと呼んだ頃—生理用ナプキンはこうして生まれた』『「オバサン」はなぜ嫌われるか』『「毒婦」和歌山カレー事件20年目の真実』『生理用品の社会史』など。

明治《めいじ》を生《い》きた男装《だんそう》の女医《じょい》
——高橋瑞物語《たかはしみずものがたり》

2020年7月10日　初版発行
2021年2月20日　3版発行

著　者　田中《たなか》ひかる

発行者　松田陽三

発行所　中央公論新社

〒100-8152　東京都千代田区大手町1-7-1
電話　販売 03-5299-1730　編集 03-5299-1740
URL http://www.chuko.co.jp/

DTP　ハンズ・ミケ
印　刷　図書印刷
製　本　小泉製本

Published by CHUOKORON-SHINSHA, INC.
Printed in Japan　ISBN978-4-12-005320-7 C0095

中央公論新社の単行本

赤星鉄馬　消えた富豪

与那原　恵

武器商人の父の遺産で日本初の学術財団「啓明会」を設立し学者を支援。釣りやゴルフの世界でも名を馳せ、樺山愛輔や吉田茂ら華麗なる人脈を持ちながら、何も残さず消えた謎の実業家の一生。

クラシックへの挑戦状

大友直人

小澤征爾に胸ぐらをつかまれ、バーンスタインに日本のオケを嘲笑された若き日のこと。日本で活動し続けた理由。音楽とは、クラシックとは、指揮者とはなにかを突き詰めた渾身の書下ろし。

気がつけば、終着駅

佐藤愛子

離婚を推奨した一九六〇年代、簡単に結婚し別れる二〇二〇年。世の中が変われば、考えも変わる。三九歳から九五歳まで——エッセイ、インタビュー、対談で、半世紀にわたるこの世の変化を総ざらい。